文化
人类学

Cultural
Anthropology

刘其伟/编译

百花文艺出版社
BAIHUA LITERATURE AND
ART PUBLISHING HOUSE

图书在版编目（CIP）数据

文化人类学 / 刘其伟编译. — 天津：百花文艺出版社，2011.9
ISBN 978-7-5306-5739-3

Ⅰ．①文… Ⅱ．①刘… Ⅲ．①文化人类学 Ⅳ.
①C912.4

中国版本图书馆CIP数据核字(2011)第166558号

艺术家出版社授权出版
天津市版权局著作权合同登记章 图字:02-2010-28号

百花文艺出版社出版发行
地址:天津市和平区西康路35号
邮编:300051
e-mail: bhpubl@public.tpt.tj.cn
http://www.bhpubl.com.cn
发行部电话:(022)23332651 邮购部电话:(022)23332478
全国新华书店经销
天津新华印刷三厂印刷
＊
开本880×1230 1/32 印张7.625 插页26
2012年1月第1版 2012年1月第1次印刷
定价:25.00元

1971 年在菲律宾棉兰老岛（Mindanao）密林中发见的 Tasaday 族共 24 人，他们属于纯血的 Nigrito，目前仍维持着石器时代的生活，以采集野果、青蛙和昆虫为生。菲政府已划出五万英 亩的雨林面积禁止伐林，作为保护他们的地区，以供人类学者研究。

原始的人类没有医学，但最早能注意到自己身体上生理的变化也许就是女人，她们有月事和生育，尤其她采集野果对植物有高深的了解，更发现了草药，故此，最早的医生或巫医，应该是女性而不是男人。图为居住在洞穴中的 Tasaday 女孩，自从能行走开始，就须寻求生存的经验。

人类在公元前十五万年前已知应用
燧石发火或木材钻火，从熟食发现
了食物的调味，同时从灰烬也发现
了消毒和止血的外科医术。上图示
Tasaday 族人烧烤薯（yam），左下的
小孩吮吸花蜜。

一般自然民族并没有生理知识,深信生育乃为精灵的赐予,故很早时期
就崇拜男器。图为贝宁(Benin)族的牙雕,主题表现王者的权杖、烟斗和
他的性器。

人类为了生存最早开始狩猎，其后为了争夺土地开始族斗。由于战争是无止境的，故此习惯了砍杀，残酷和暴力遂成为社会和国家组织的原动力。既往许多王国就是暴力的产品，也借武力而生存，同时导致了贵族、平民和奴隶的制度。图为西非巴米累克人（Bamileke）的酋长，他住屋周遭所陈列的雕像都是象征他的权力，左立一人为近身仆人，右坐者为巫师。

游牧民族大都是好战的。
图为内罗毕（Nairobi）北部 Samburn 族的战舞。

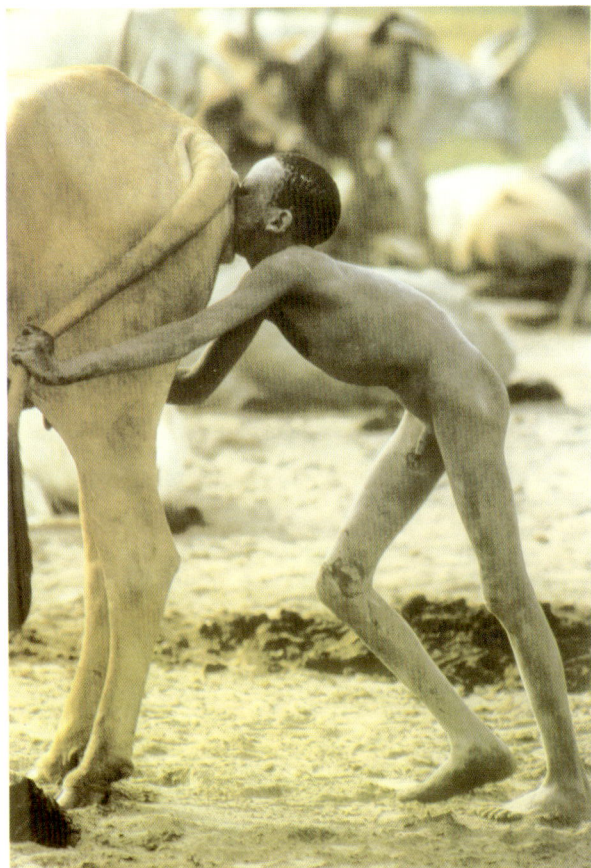

一个 Nur 儿童一早起来就用嘴来吮吸母牛的乳房（下图），刺激它产生更多的牛乳。在自然民族的社会里，人兽之间的亲情是文明社会中所没有的。

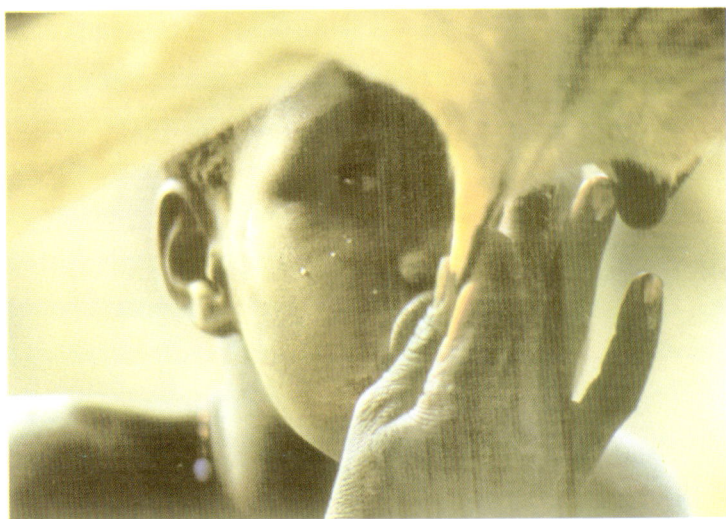

Dogon 族人在乍得 (Chad) 湖中用以捕鱼的独木舟。

Dogon 族人的谷仓依峭壁而建，他们用黏土经太阳晒干和木棒补强所筑成的建筑物，甚为辉煌宏伟。

人类的畜牧,可能产生在狩猎过程中。当母兽被捕杀后,遗留下来那只嗷嗷待哺的仔兽,人们把它带回部落

蓄养而开始的。人畜共处的 "史实在很早,但他进一步发现自己的自私与贪婪无穷之时,才开始变为人类"。

从非洲布须曼族（Bushman）的生活中，很难看出来他们就是善于岩画的天才。图示布须曼人夜间点燃火吓唬狮子不致接近营地。

图示布须曼族父亲教授儿子求生的知识以及如何捕杀一条巨蟒。他把巨蟒破腹以后，放在炭火中烤三小时，一家大小就可以享受一顿美味的晚餐。

Namibia 的 Etenqwa 地方一位酋长，他的一所泥屋虽小，但却住着四位妻子和他的儿子，一共六个人。他拥有一根狩猎的矛，矛上饰有一根牛尾巴，象征权力。

酋长的屋子里经常放着一个木桶，内盛牛乳，供奉 Himba 神。

人类的文化历史是极其漫长的,美术史上最早的遗物可以追溯至公元前两万年,旧石器时代已经留下了那些用骨制作的针、磨光器、粗糙的雕刻和岩壁上的岩画。尤其西班牙北部阿尔塔米拉(Altamira)以及非洲索马利兰 Seton-Karr 旧石器后期留下的遗物,当是 Cro-Magnon 人类最巧妙的成就了。

图示笔者 1984 年在 Mokhotlong 原始采集岩画资料的情形,岩画必需湿水后使彩度显露出来才能摄影。

世界各地不同种族和不同的文化,不必经由交流或传播,彼此文化在发展至某一程度,常常会出现类似的文化,面具则其一例。此同一理念的出现,人类学中称之为 "原质思念"。图示刚果 Rapindo 面具,木制,涂彩,高 13¾英寸。

Bushongo 面具，刚果，木制饰以缀珠（cowire shells），黄铜钉。它是专供秘密结社举行祭典时所用。

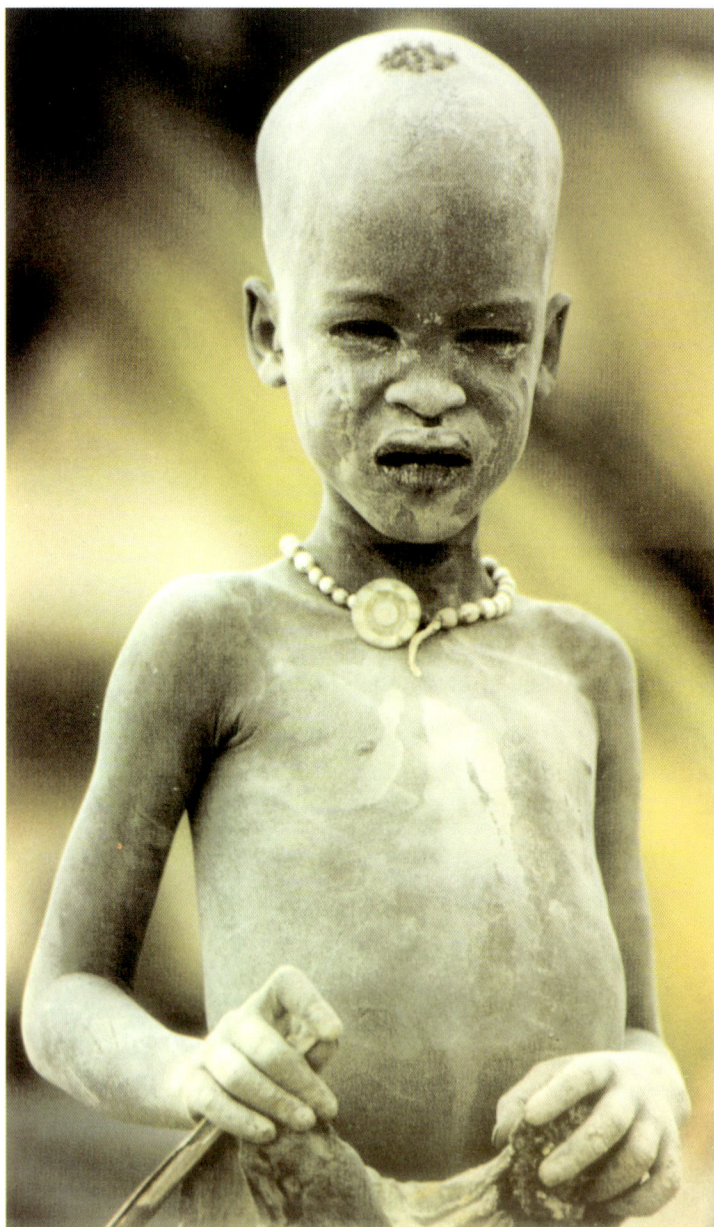

非洲游牧民，日常都有仪式的举行。图示一个 Nuer 小孩，夜里睡在灰上，清晨方自
地上爬起来。

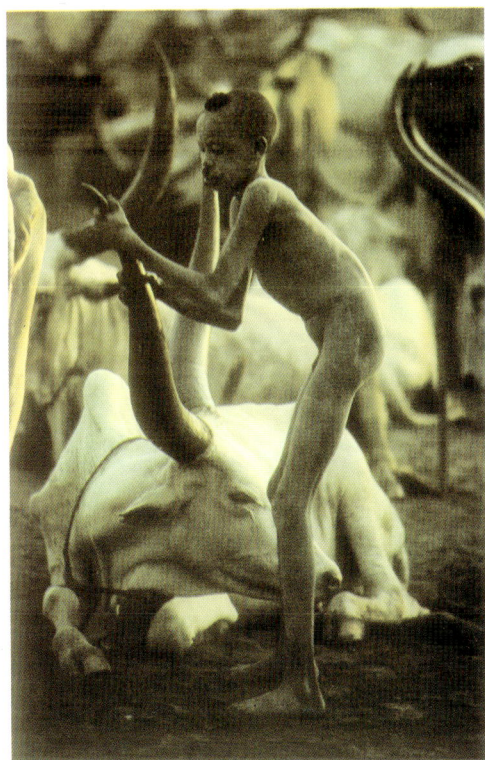

一般游牧民只饮牛乳而不屠杀牛只，除非它是生病或自然死亡。上图为一群 Dinka 族人把病死的牛只运回作粮食。下图为族人将灰烬涂在牛角上加以清洁。

在苏丹南部 Fuba 的一个 Mondari 族人提着一捆食物和一只母鸡从市集回家。

一个 Nuer 族女手上所持葫芦是作盛乳之用,她经过一头牛,正好拿起牛尾来当揩布用。

右上角图为
Dinka 老人；左上
角图为羊只内脏
挂在树枝上，带有
宗教的意义；下图
为 Dinka 人用纸
草编织绳索。

闲来无事,互相用刺槐(acacia)刺梳理头发,是一天长途跋涉下来,借此缓解疲劳,也是最快乐的时光。

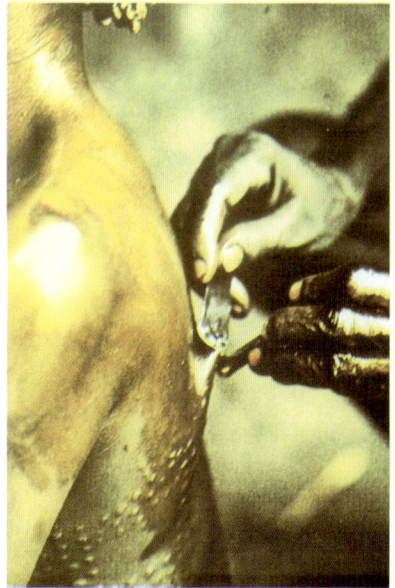

毁身装饰是艺术之一，什么是美，千年前人们仍为它的本质与历史来源提出争论。在许多低陋文化的民族中，男女都甘愿忍受针刺的痛苦，花上半生的时间来打扮自己，博取虚荣。

文身、刺色、疤痕的施术都是极为痛苦的,尤其是疤痕,施术者用燧石或贻贝壳,以为植物的针刺将肉割开或刺穿,然后用一球形泥土或一种植物汁敷在伤口上,伤口愈后即成为疤痕,以炫耀自己。图为 Nuba 族女。

祭典在文明社会是一种人际的交流,但在原始社会却是一种教育。图为 Nuba 族人在择偶的格
斗比赛后,长者以口传的方式向下一代讲授传统的英勇风习。

西非 LoDi、Kassena 以及 Senoufo 诸族,在举行仪礼时所戴的面具,也许是非洲面具中最戏剧之一。原始的人类理念里有一个精神世界,为了寻求和它保持和谐并向它祈福,因此产生了仪礼。仪礼是人类心理上所表现的一种行为,是崇拜神祇的方式,日后逐渐成为人类普遍的"同感的魔力"。出生、死亡、治病、求孕,此等仪礼不但见诸现存的自然民族社会,也出现在历史的文明里。

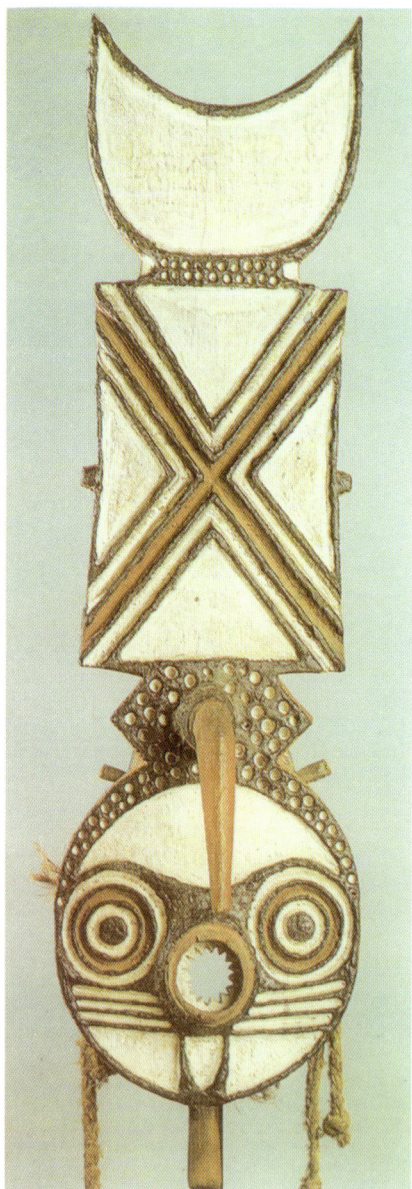

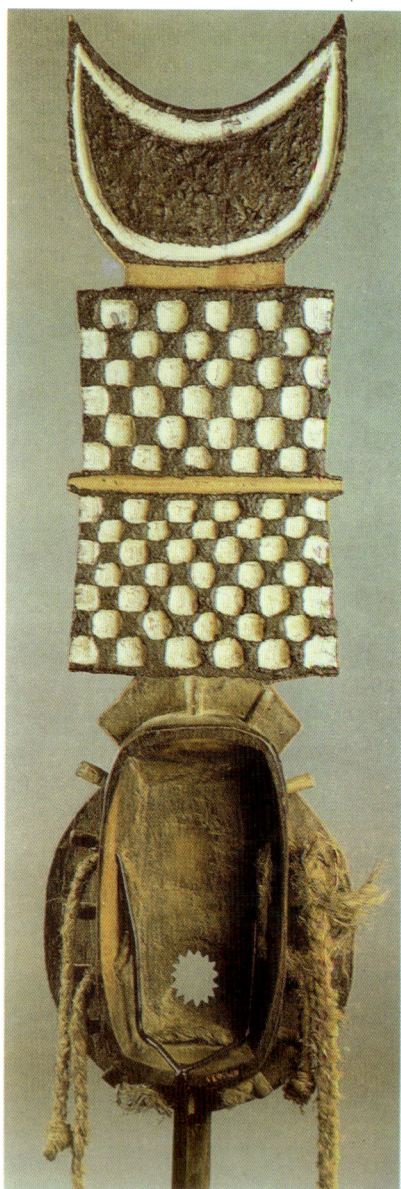

人类初期的"万物精神论"或"神话的宇宙观",在各自然民族之间观念是完全一致的。面具是自然民族心理上一种具象的表征,由于进化更产生了各种面具的艺术。巫师经常规划一些面具指令族人向它膜拜,借以强调施术仪式的神秘气氛,因此面具也成为巫师巩固个人权势的工具之一。图示西苏丹地区伯瓦族(Bwa)的面具(正面和反面,木制,饰以纤维)。

在葬礼中许多面具的造型可能系模仿最早出现的祖先灵魂。图示在 Tisse 地区的族人举行葬礼。

在 Dossi 地区举行葬礼时，用厚板雕成面具，象征水的精灵。

黄铜面具造型铜键,高 26.2CM,尼日利亚(Nigeria)。

新赫布里底群岛（New
Hebrides）土著以火驱蜂
取蜜。

人类学上最恐怖的一页,就是原始的屠杀。屠杀在文明社会虽视为暴行和犯罪,但在原始社会中,却是一种信仰。图为 New Hebriges 岛内陆 Malekula 地区,住在峡谷的 Mbotgate 族人手持由树叶熏制的头颅木乃伊。

上图土著以野芋叶作伞、作容器以及包裹男器等多种用途。

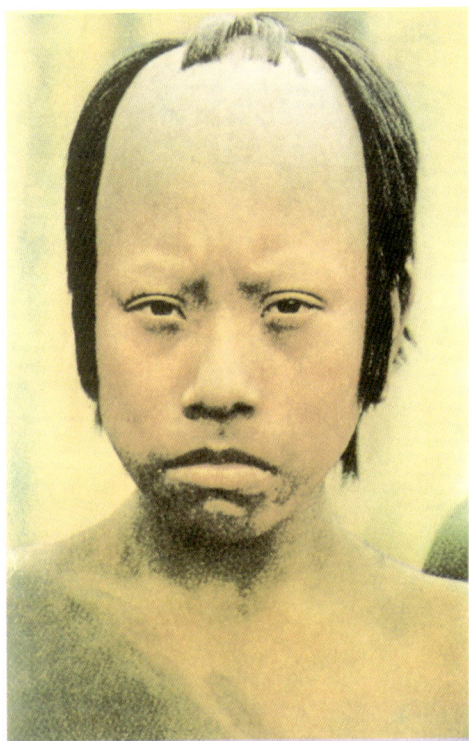

南美的 Txukahamei 族人，在未成年前要经过多次英勇的考验。十二岁时要爬到树上让胡蜂针刺。第二次用锋利的鱼齿在腿上割伤痕。第三次则参加"狩猎训练营"，授以求生和做一个战士的各种知识。"毕业"时用 genipap 果汁把身体染以黑色条纹，脸部则用一种名为 urucu 的植物染成红色。经过这样一段漫长的训练，才能有性关系的自由。

南太平洋 Ganonga 岛上，安置头骨的洞窟，注意岩壁上所刻的人像，是驱除外来恶灵的保护神。

Caroline 群岛西部（yap 岛）岛民的文身。
密克罗尼西亚文身只限于男人，女性只在指上刺简单花纹。

新几内亚 Maprik 土著所建的会所,它完全利用天然材料,没有一钉一铁,高达八十英尺。整座建筑物的结构颇富弹性,尖顶在风中摆动,最大的差距达两英尺。

Sepik 河 Kambrambo 会所中的绘画,用天然颜料绘于 Sago-Palm 树叶上。它是用木槌将叶子槌薄晒干,再缝合起来作画。内容为祖先崇拜,造型与神话有关。高约三十八英寸,宽约三十九英寸。

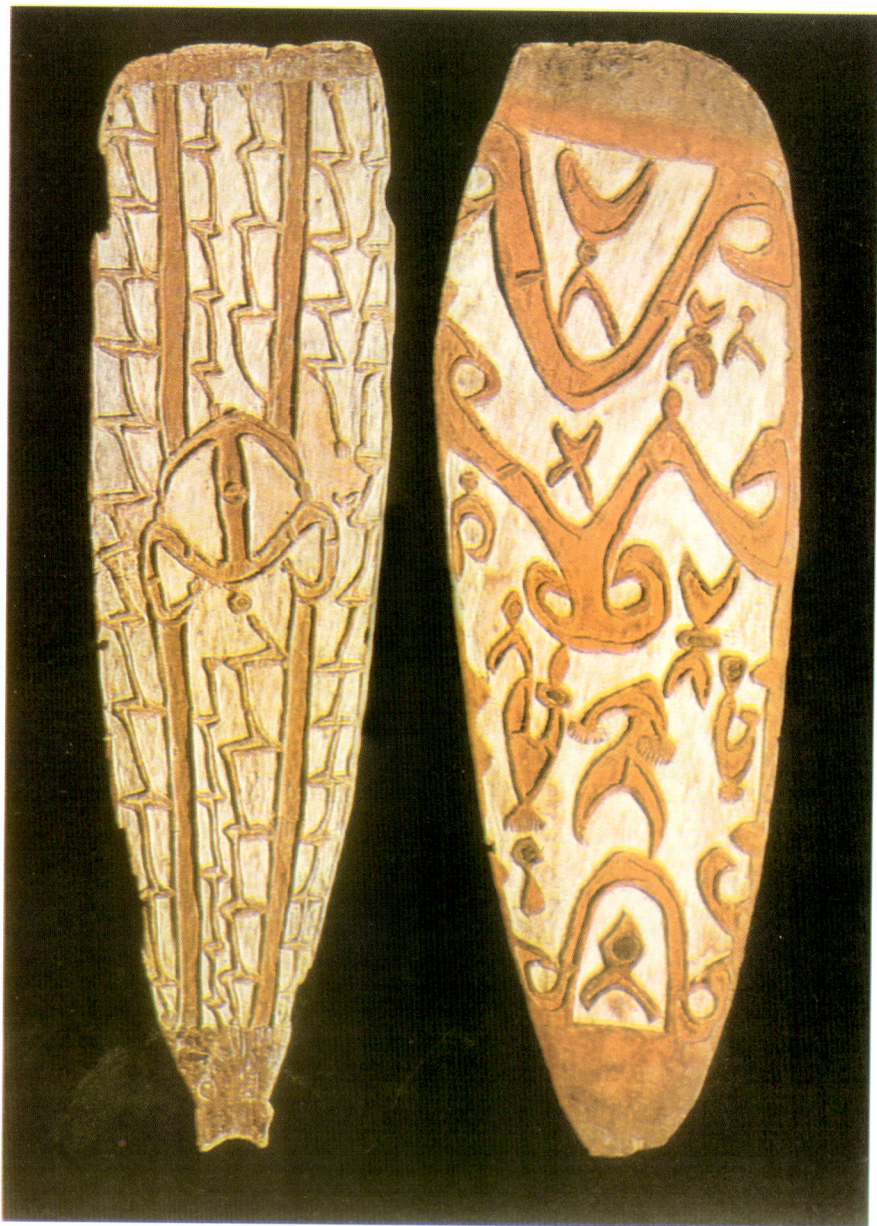

Asmat 区的木盾, 西南部新几内亚。左图采集自 Lorentz 河流域, 右图采集自 Eilanden 河流域。此类木盾高度均在二十英寸左右。

Trobriand 岛民祭典舞蹈所用的木盾，盾上所绘主题为巨蟒，这种优雅的图案，正是 Massim 典型的形式。高约二十三英寸。

木雕，采集自 Lake Santani，原始雕像在自然民族的社会中，大都产生自性的欲望，否则，大多数也属于巫师驱除瘟疫或作为保护神。由于原始艺术是直觉的，常在性的欲望与现实当中，缺乏缓冲，以致没有时间去对造型想象，故此使作品更能产生感性的美感。木雕高约四十英寸。

树皮绘画,采集自 Humboldt Bay 地区,图中生物象征家族。颜料为矿土,52×32 英寸。

决定人类历史的因素，是直接关联着物质生活的生产方式，它也是制约着整个社会、政治和精神生活的过程。但人类和其他动物不同，并不是用改变自己的机体去适应自然，而是用改造自然的方法来适应自己，这就是文化变迁或文明发生的原因。人类与自然相处之中，一向忽视了应该遵守的规律。文化人类学与生态环境保育问题，当是二次大战后才开始研究的课题。图示新几内亚雨林。

目 录

1. 文化人类学分工
名称的商榷

文化人类学的分野,计有体质人类学(physical anthropology)、社会人类学(social anthropology)、民俗学(folklore),日文或称土俗学等,相似的名称很多。这门学问的名词依国度的不同,它的区别法和命名法,常常是不同的。甚至有时也由于学者们不同的见解,所用的名词也有异。在第一次世界大战时,英国称文化人类学为社会人类学,由于第二次世界大战后,美国成为世界分野的中心地,故此美国的区分法,遂被世界各国普遍地采用。

1. 美国的用法

```
          ┌ 自然(体质)人类学
          │ 史前考古学
          │ 文化人类学
          │   民族学
人类学 ───┤   社会人类学
          │   心理人类学(心理学的人类学)
          │   语言人类学(语言学的人类学)
          └ 应用人类学
```

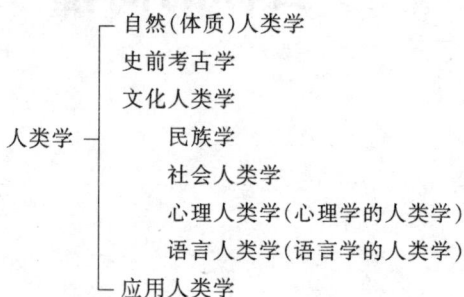

美国对于这门学问,乃以"人类统合的研究"为基础,作为"人类学"的分野。英文anthropology乃源自希腊anthropos,其中有三大分野。

其一是称作"自然人类学"(physical anthropology)。physical一词,意指"有关人类身体"的形容词。日文的"文化"意指"自然"的研究,故译为"自然人类学",中文则译为"文化人类学",而对人体的"形与质"的研究,日本译为"形质人类学"或"身体人类学",中文则译为"体质人类学"。

体质人类学的部门,例如皮肤、眼瞳的颜色、发色与形状、身高或躯体各部位的尺寸和比率、血型、指纹及身体上的特征等的研究,以上述各种要素作为人种的分类,同时对于体质因环境所产生的变化等问题,也加以分析。故此这一部门,其领域乃属于生物学的一分野,与医学上的解剖学、遗传学、优生学、生理学以及法医学等的关系,尤为密切。其中相互重合的研究,也许可以纳入动物学的研究。

其次是史前考古学(prehistoric archaeology),它是发掘遗迹对史前时代有关种种事项的研究,这是欧洲方面一般的分野,至于日本的考古学,由于传统的关系,所谓考古学乃属于历史学(史学)的一分野,若就大学的制度而言,考古学乃设在大学里的史学研究室。

但在史学中的其他分野,乃以"文字记录"为资料而进行研究。但在考古学方面,则以"发掘"为其研究手段,故上述两者,它所采用的方法论根本上是不相同的。从发掘中出土的陶器,加以化学的分析,研讨它的制法,或用放射性碳14推定它的年代等。甚或把出土的植物种子、贝类、兽骨等等加以分析,研究当时动植物与生活状况等。这些工作,完全是属于自然科学的方法,它与古生物及地质学的关系非常密切。至于从遗迹中出土的人类骨骼的研究,则与自然人类学重复。因此美国的学者为

蓝田猿人的复原图。我国幅员广大,地下蕴藏人类化石与
文化遗物非常丰富。中国古人类学的发展,目前在国际上
已占有极其重要的地位。

了避免重复,索性把考古学从史学中分开,把它纳入在
文化人类学里。而且,史前考古学实与文化人类学有密
切关联,故此史前考古学也可视为文化人类学的一个部
门。关于上述的发掘工作中,自然科学的分析技术占着
相当重要的地位,它与文化人类学对现存民族调查研究
的方法论是不相同的。

上述的两大分野平行地存在,一般统称其为文化人
类学(cultural anthropology),它是专指以现存自然民

族（蒙昧民族）为对象,研究它的生活、习俗、社会结构、家族形态、价值观以及信仰等的一门学问。只是有关它的研究,领域已扩展至最近文明社会的范围,如农村实态的调查等,且更以都市为对象,提倡一门崭新的学问如"都市人类学"。可是大部分的研究对象,比重仍偏重于原始社会（primitive society）,由于文明的入侵,原始社会今日已逐渐步入文明化,而变为一种所谓"发展中国家"（developing countries）的社会,是无须置疑的。要言之,大凡研究这种各类各色的人类文化的比较和分野,因此称它为人文人类学。

既往在文化人类学中,常有使用"未开化社会"或"无文字的社会"（none-literate society）、"野蛮人"（savage people）等名词,由于它含有蔑视之意,自一九三〇年才开始避免使用此类不尊敬的名词,甚至对少数民族（minority）一词,也有不少学者在研究,究竟如何去找一个更优美的名词来代替。

在此一领域中,以最基础的诸民族（种族）文化比较的研究,称它为民族学（ethnology）,对于诸民族文化记述与分野,则称之为民族志学（ethnography）。这些诸种文化与诸民族的比较研究,尤其对于家族与亲族、地域社会（community）与社会组织以及经济、政治组织中心的研究与分析,也有些国家特定为一个独立部门而称为社会人类学（social anthropology）。

心理人类学（psychological anthropology）在早期的名称叫"文化与人格论",意即"由于住民居住在某种文化环境而形成了某种人格"的问题的研究。由于这门心理研究领域，分野日渐广阔，即各种心理学的问题诸如因文化变化所产生的适应问题，以及宗教现象等等的研究，最后改称为"心理人类学"。但近年或有学者认为与其称为"心理"一词，毋宁更着重于"精神"，故此也有提议改称"精神人类学"（spiritual anthropology）。

语言人类学（linguistic anthropology）的"语言学"一词，在文化人类学中，实为独立的一个部门。唯近年由于强调语言学、社会人类学及心理人类学三者合在一起来研究，因此产生了此一崭新部门称为"语言人类学"。

事实上，若就语言而言，与它邻接的领域，应与地理学，尤其与人文地理学或文化地理学以及社会学的关联最深。社会学与社会人类学也是非常接近，故此社会人类学，有时也被称为"比较社会学"。在社会学中，若就其历史的观点来观察，实际上它是从文明社会的研究开始出发，故社会学与研究无文字社会的文化人类学（社会人类学）是不同的。但在人类学之中，在它的领域有时也会涉及文明社会的农村或都市的研究等诸种问题，故此社会学与文化人类学亦不免会出现重复。

上述的心理人类学与心理学、精神病学（psychiatry）有密切关系，而语言人类学则与方言学有密切关联。

应用人类学（applied anthropology）是把人类学的诸种应用部分纳入一个模式。例如帽子、衣服、鞋子、椅子、桌子等，乃依使用的人类集团的不同，它的形式和大小，自是不能不加以改变。这一方面的研究乃属于自然人类学的应用部门，与人体工学（human engineering）颇有重复之处。此外，例如自然民族社会与文明社会接触所发生的诸种问题、人种差异问题的解决法、社会与医院等所产生的人事管理问题等等，都是文化人类学的应用课题。而社会学与企业社会学重复者，日本则称它为产业人类学。

最近美国尚新辟一门称为"医疗人类学"（medical anthropology），当为文化人类学分工日趋细微的一例。

2. 欧亚两洲各国的分类法

英国的分类法酷似美国，人类学区分为自然人类学、史前考古学及社会人类学三大别，而不用文化人类学的名称。专就自然民族社会结构来做中心的研究，是英国的特色。

另一方面，不同于美国分类法，在对照上较为显著的是德国和奥地利，即德国所称的人类学（anthropologie）与美国所谓自然（形质）人类学及民族学不同。民族学研究的中心有民族文化史，大都把它包纳在史前考古学之内，故没有人类学和民俗学的名称。要言之，德国与美国之间，根本上对人类学的观点不同，美国的观点是要把握人类各面统合的要点。但德国对此并不关心，毋宁对个别的分野发掘为其重要的目标，这也许是德国人重视学问的专门分化有以致之。

亚洲方面，日本在二次大战前系属德国派，对于社会、文化面的研究,普通称为民族学或土俗学,迨至战后因受美国的影响,方有文化人类学的名称。在日本,民俗学或文化人类学两个名词,乃依个人的爱好而使用。严格来说,在德国系专指自然民族的研究,而且归纳在民族文化史里面来作分析讨论,但在美国则包括文明民族在内,一如文化论包括非常广阔的领域。从这里来看,日本对人类学名称的使用,德美两派兼具,至今还没有确定的标准。

日本在一八八四年创立有日本人类学会,它是属于专门研究自然人类学的学会。此外,在一九七四年设立日本民族学会,包纳文化人类学及社会人类学两大分野。继之,一九七四年以民族学会为中心,在大阪世界博览会旧地设立国立民族学博物馆,它是文化(社会)人类学的研究所兼博物馆。

参考文献:

·Chapple,E.D.and Coon,G.S.1942,Principles of Anthropology,New York.

·Keesing,F.M.1958,Cultural Anthropology,New York.

·Lowie,R.H.1940,An Introduction to Cultural Anthropology,A New Enlarged Eddition,New York.

·Jelinek,J.1975,The Evolution of Man,Hamlyn,London.

2. 人类进化与种族

1. 人类的演化过程

人类祖先的出现,可以追溯远至古地质时代第三纪初原始的灵长类。根据人类学的发现,生存在非洲第四纪的猿人类是当时最古的人类,它是一九二四年在南非 Taung 地方的一个采石场中出土,经 Dart, R.A.的调查,认为系属于一个六岁少女头骨的化石,观察它的脑容积乃属颇具优势的类人猿形质,即较"猿人"更具智慧的"人猿",故称它作非洲类人猿(Australopithecusafricanus)或南猿。

其时在东非方面,对古人类的发现,也有可观的发展。它是由 Leakey, S.B.在 Olduvai 地方于一九六四年发现的人类型标本,命名"巧手人"(Homo habilis),是人的另一种形态。它的脑容积比南猿更大,颚骨比现代人稍小,但几乎近似现代人。拇指比类人猿发达,足胫也很发达,完全可以直立步行。人类所作最古老的工具,所谓"砾石文化",实由这些巧手人开始的。

此前,在科学界称"直立人"(Homo erectus)系一八九一年 Dubois 在爪哇东部 Solo 河流域最早发现。一九二七年在中国周口店的石灰岩洞穴中,也发现了许多这一类人的化石残骸,命名为"中国猿人北京种",简称"北京人"(Peking Man)。直立人化石在中国河南、陕西蓝田、阿尔及利亚的 Ternifine 以及匈牙利的 Vertesszollos 都有过发现。

直立人和南猿人最基本的差别在于脑容积。南猿人的脑容积约 500C.C.至 600C.C.,很接近大猩猩的脑量,而直立人的脑量是从 800C.C.至 1200C.C.,超过了猿类。脑量表示学习能力与智慧。另一差别则为直立人的上颚和脸部后缩,近似现代人的形态。

在某些区域,直立人和南猿人可能共同生存过一段时期,在 Olduvai 峡谷的第二地层,曾发现直立人遗骸,年代是距今五十万年前的第二冰期。第二层底部还发现更古老的遗骸,年代是在第一冰期,而在中国和爪哇出土的标本,年代也都是在第二冰期。只有爪哇 Sangiran 的标本,是早到七十万年,在同一地方也曾发现巨猿(Meganthropus)的下颌骨,这些巨猿一般学者认为是东方的南猿人。

南猿人生存在非洲和其他区域,持续约四百万年,它们与直立人共生的时光也有 5 至 25 万年。可是许多

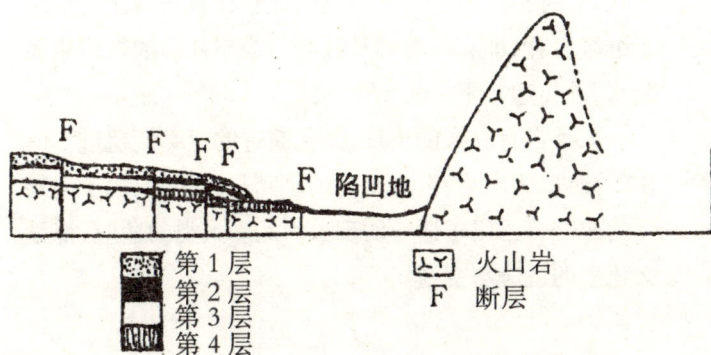

Olduvai 峡谷断面图,地理位置在东非,是考古学上 1964 年发现新人类型——巧手人(Homo habilis)头骨的地方。

11

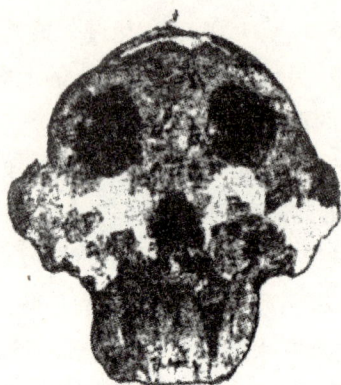

Zinjanthropus baicei 层位的猿人类头骨。1959 年 Leakey 在东非发现人类在猿人阶段的头骨，它比南猿人更近似人类，由于它的口盖部作穹隆形，猜测其时可能言语，而且也会使用燧石作工具。

学者对南猿人、巨猿人和直立人的差异辨别，弄得非常迷糊，可能由于此一时期正是南猿人演化成直立人的过渡阶段，因此使人分辨不清。

直立人生存在地表上能占优势，主要是因脑部的扩大。其时已知创作和运用石器，而且生存更是依赖知识文化，对狩猎的分工合作。同时能够在自然淘汰的重压下继续生存，即有赖将种种社会行为与社会的知识累积起来，并传递至下一代。

人类自直立人的出现，文化演进的速率就超过了体质的演进。为求生存，对文化的创新与改进，取代了动物界的改变自己以求适应的现象。此后人类的适应，都是文化上的适应与变迁。

2. 尼安德特人

假如把脑容积的增加，视它与其语言能力的发展有密切关联，果则能说话的人类，应在第三冰期或在第四冰期则已出现。时间距今约十万年前，这种更新世晚期的人类化石，称"尼安德特人"（Neanderthaloids or Neanderthal man），它也是人类发展史上属早期智人阶段。从更新世早期起，他们就居住在欧洲，最早标本是一八五六年发现在德国尼安德特峡谷而得名。

考古学家都同意欧洲的尼安德特人是人（Homo）属的一分子。可是对于"属"之下的分类问题却颇有争论。"属"之下是"种"。但也有学者认为有些尼安德特人是尼安德特种（Homo neanderthalensis），而另外有一些则归纳于"智人"（Homo sapiens）。另一方式的分类法，是种之下再分为"亚种"（sub-species），即将一般通常所称的尼安德特人，命名为"智人种尼安德特亚种（Homo sapiens neanderthalensis），而把在更新世末期与更新世以后的人类，名之曰"智人"。我们探讨人类演进的一般过程，也许最好尽可能避开这种分类上的困扰。

此外，有些学者认为尼安德特人是欧洲早期人类中最古老的遗骸，但也有学者认为它就是现代人。

一八八六年在比利时又发现类似的化石，且伴有打制石器和一些已绝灭的兽骨化石。现在还不清楚，上述两者的人类，到底谁是尼安德特人的祖先，其时间似可追溯到欧洲的 10~15 万年以前的冰河期。尼安德特人一方面有直立人的原始特征，同时另一方面也酷似现代人。目前研究人类进化的学者，大多同意将尼安德特人当作智人的早期代表。

从直立人经尼安德特人阶段，演化成为现生人种，是一个非常缓慢而逐渐发展成为真正人的过程,学术上通称"人化过程"(sapienization)。故此,尼安德特人的任何一个化石标本,都不妨视它为"人化过程"中的一环,实不必把它看成完完全全的智人。何况,化石记录也无法告诉我们,它的语言能力到底达到怎样的程度。我们只能这样说:"这一连串体质结构上的变化,可以表示从原始的人类转变成为真正的人类。"

既往发现尼安德特人的地方很多。其中包括德国尼安德特峡谷,比利时的 Spy,法国的 Moustier 及 La chapelle-aux-Saints,意大利的 Monte Circeo,以及西欧地区的遗址。

古典型的尼安德特人的特征,眉脊粗大,头穹拱很低,外形粗壮,这是由于生活在严寒第四冰期的缘故。其时古典尼安德特人是沿着冰河边缘以狩猎为生。但在第四冰期,欧洲中北部由于"冰原"覆盖了整个地表,冷得使人无法生存。因此西欧与东欧以及南欧的尼安德特人就失去了接触的机会。但在同一时期,东南欧气候比较温暖,因是住在这里的尼安德特人,他们的体质结构要比古典型尼安德特人进步。

人种继续向前演化,大约距今四万年前,首次出现了现生的人种。科学界曾盛行过这样的推测,认为尼安德特人早已绝灭,不过他们的遗传因子却或多或少的成为现生人种基因的根本。

从尼安德特人居住过的洞穴、岩棚或空地上,根据伴随出土的木炭、灰烬、炉灶遗迹,可知当时已普遍用

艾因哈奈什（Ain Hanech）石器

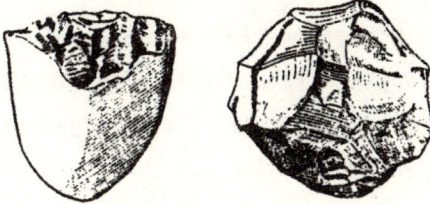

Olduvai 石器

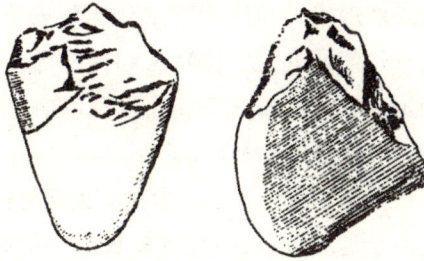

上图是猿人类所制的砾石器，大小大致是 10CM，它是一种单纯造型，只由一个方向的加击而成。

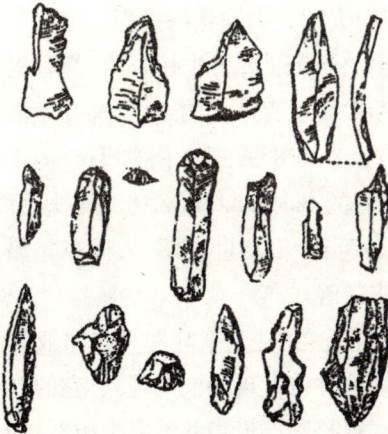

下图是后期旧石器时代，亦即新人类，诸如克鲁马农人及格里马迪人（Grimald）所造的石器，四面皆经打制成扁形的刀刃（石刃），我们不妨视它为今日木工工具的"祖型"。

火。兽骨很多,也有鱼鸟骨骸。还有植物种子等遗存。石器制造技巧已知采用粗木段装配打制石器及其他手工制品的做法。石器已多样化,并制造出大批器型"标准"的石器。已能有意识地埋葬死者,也有一些兽骨,似是出于一种仪式上的牺牲。

近年来有关上述的证据逐渐增多。南斯拉夫的Krapina 地方发现许多更新世中期尼安德特人的化石,他们既像现代人,但也很像古典型尼安德特人。如果我们重新仔细研究尼安德特人和初期智人种的克鲁马农人(Cro-magnon man),将会发现以前曾强调两者差异之点,事实上可能太夸大了。

在人类学中,最早从事这方面研究的是欧洲学者,他们由于地缘关系,研究目标只集中于欧洲,因是出土的化石标本,数量还较世界其他各地为多。事实上,在亚洲与非洲所发现的更新世中期和晚期的化石,数量虽不丰厚,但也足够说明旧大陆人类演化的过程。

在非洲,从撒哈拉沙漠以迄南非好望角,都有尼安德特人在更新世晚期取代了直立人的地位。又在摩洛哥Jebel 及 Ighoud 地方,东非的肯亚,南非 Transvial 的Florishad,南非海角省的 Saldanha Bay,上述各地所发现的标本,年代都只相当于更新世晚期,大概在非洲人化过程要比在欧洲来得晚。

在亚洲,主要遗址是在中国、爪哇和马来西亚的沙捞越。在广东省马坝地方曾发现所谓马坝人,它的脑容积颇与现代人相似,只是脸部形态并不完全像现代人,年代推定是属于更新世中期末或晚期初。此外,同属尼安德特人类型的化石,在四川、湖南及广西都有出土。

婆罗洲的尼亚洞穴(Niah Cave),也曾发现完全属于智人的残骸,用碳14测定年代是距今四万年前,较欧洲同一形态标本的年代早了一万年。因是或有学者认为,若要寻求"人化历程",亚非两洲的资料是不可忽视的。

3. 种族的区分与分化原因

从更新世晚期到现在,人类与动物不再出现新的物种,但受生存的压力则从未间断。当一群人迁移到一个新的环境,自然条件与文化因素,使得这群人在遗传上与其他的人隔离,该群体的基因库中的某些基因,可能出现频率特别高,此一现象在分类学上有深远的意义。体质人类学家习惯上称这种具有特别特征表现的人群为"种族"(race)。

虽然每一个种族都可能曾经历过数千或数百年的隔绝孤立状态,而表现出相当幅度的基因出现频率上的差异,可是从整个生物现象上来看,仍是微不足道的。只要基本的基因变化,还未累积到足以促成新种出现的程度,任何种族上的差异现象,都会由于彼此婚配交媾而改变,甚或于湮没。因此"种族"无法看成是演化上的一个单位。换言之,人科动物已经经历了一千四百万年的演化过程,而今种族的歧异现象,在相比之下,实微不足道,只有社会性的差异,才是我们今日探讨质疑的问题。

　　种族基本上是一个繁殖群体（breeding population）在种族的基因库中，可能有少数一二基因在出现频率上起了特殊的变化，才使整个种族表现出特殊的表征。学术界多年来根据可行的测量和比较，把智人种划分为"高加索种人"（Caucasoid）、"尼格罗种人"（Negroid）与"蒙古种人"（Mongoloid）。将人种区分为三类的方法，使我们清晰地了解人类的外表特征，可是对于种族差异问题，仍须注意的，乃为族内的差异情形、族群间的差异，以及非适应性的差异等等。

　　由于近代人种学认为人种绝非是一成不变的。Coon,C.对今日世界人类，更分为五个大地域性种族:高

沙捞越 Niah Cave 1948 年出土的丹形石斧。Niah 洞面积计 27 英亩，埋有丰富的史前文物，包括旧石器和新石器时代的各种石器，以及 39,000 年前的智人（Homo sapiens）头盖骨，为今日东南亚最重要的人类学考古遗迹之一。

加索种人；蒙古种人；刚果种人（Congoid），包括侏儒人
（Pygmy）与尼格罗人；海角种人（Capoid），包括其他的
非洲人与布须曼人（Bushman）；澳大利亚种人
（Australoid），包括澳洲土著、新几内亚土著及印度尼
西亚各岛屿的民族。Coon 且认为这种分类情形自直立
人时代即已存在，意指在五十万年前的直立人，其时依
不同的分布地区，已分为五个种族（races）或亚种
（subspecies）。例如在东非 Olduvai 峡谷的直立人是刚
果种人；爪哇 Trinil 的直立人是澳大利亚种人；中国周
口店的直立人是蒙古种人；德国的直立人是高加索种；
北非的直立人是海角种人。上述的五个亚种维持数十万
年而不变，主要是五个独立群体之间，因为没有交换过
基因的缘故。

关于种族分化的原因，学者都深信当地理环境变动
时，生活在这一地区的人，他们的基因就会承受天择的
压力。于是，适合这种新环境的基因出现频率遂逐渐增
加；不适应的基因就逐渐被淘汰。

文化和自然的压力对于某些内部基因形态特别有
利，就会使它扩张，并直接影响到生物性适应的结果。故
此，种族差异现象是适应环境的结果，而不是系统发生
过程中的必然事实。

参考文献：

·石田英一郎·寺田和夫·泉靖一·曾野寿彦《人类学》，

东京大学出版社,1961。

·H.Vヴアロワ,寺田和夫译《人种》,クセジエ文库,
　1971。

·J.jelinek,The Evolution of Man,Hamlym,London,1976.

·Buettner−Janusch.J.,Origins of Man,Physical.

·Anthropology,Wiley Chichester,1966.

3. 狩猎民的文化
与社会

1. 狩猎民的人口减退

狩猎和采撷野食,是人类古来的经济手段。人类最初具有的文化就是狩猎采集民文化,持续了数百万年的所谓旧石器文化(Paleolithic culture),都是属于这个狩猎采集民文化。

约在一万年前,当人类发明了植物的栽培和畜牧方法以后,世界各地人口急速增加此一现象,亦即表示农业、畜牧人口的增加,相对的狩猎民人口的减少。尤其在15世纪,地理的诸种发现以降,由于各地和欧洲文明的接触,狩猎采集社会及其人口则急速遽降。依目前的推断,世界各地也许只剩下数十万人,这个数字和世界总人口比照,只占 0.001%。

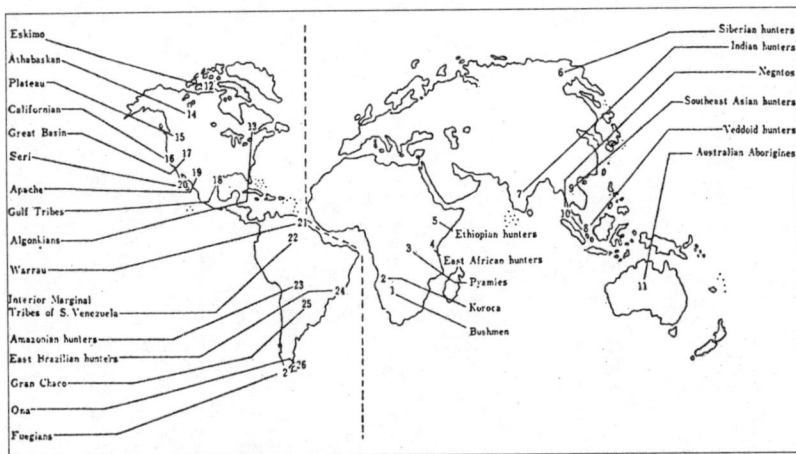

狩猎采撷社会的分布图——狩猎采集民族都是生存在世界严寒雪地、灼热沙漠或多雨丛林的最苛酷自然环境里,这也正提示我们,人类是如何地具有对环境的适应能力及其可能性。(采用 Murdock,1968)

　　根据一九六八年 Murdock, G.P.的调查,现存的狩猎采集社会,如图所示,我们要注意分布图中的重点,即狩猎民都是生存在最苛酷的天然条件下的边陲和内陆地区。换言之,世界上最合适的地区都被农耕社会与文明社会所占领,只有不合适人类生存的地域,剩下来的土地,才是狩猎民的生活圈。

　　狩猎民的减少与生活圈的狭小化,目前正在急速地演进中, 同时他们的传统文化与社会结构也在逐渐崩溃。图中所示诸社会中,在目前而言,不少地区已放弃了采集生活,也有不少的地区因外来文化的入侵,而改变了他们原有的面貌。

　　围绕着他们的自然环境,都是严寒的极地和热带雨林,内陆的沙漠与偏远的岛屿。这些地区都是显示着极端的对照与多歧。例如北极与阿拉斯加、婆罗洲、巴西、中南美洲的热带雨林,澳洲腹地的沙漠,北美大盘地等的原住民,都是世界现存少数民族最后生存之地。

　　他们的自然环境对人类是苛酷的,但他们都有适应于各种环境的身体形质与文化。这等多样的环境与多样适应的诸形态的狩猎采集生活样式,当然是受到自然的直接影响所致,同时也正是揭示给我们,人类是如何具备对环境的适应能力及其可能性。

2. 狩猎民的文化与社会

　　狩猎民文化是多面而类似,各部族之间也有不少是共通的。原因是狩猎采集民的生存方式大致相同,而产生的文化的类似性也是必然的。同时这种文化，也是表示人类所获得诸文化中，较为长期而又安定的文化形态。

这种自然民族的文化，既往我们称它为"未开化"或"蒙昧"文化，大都属于单纯而小规模的文化。虽然在名称上似有鄙视之意，事实上，这种原始文化绝非低级的文化。我们研究文化史，它实为今日文明的基本型。同时我们还可以从这种原始文化中，窥知既往人类如何建立人类生存的诸种条件。

狩猎采集民的社会与部族社会、文明社会虽不同，但却有共有的一定特征。

狩猎民的社会又称"移动的社会集团"。

这个社会的特征就是不停地迁徙的移动性。移动的距离与频度，乃依不同的民族与集团而定，这些移动社会集团也有他们的领域，故此移动也有一定的限制地域。领域是各社会集团获得食物的场所，为采集而迁徙是必然的要求，但有时也因移动而超界产生族斗，但也有因超越地界而后融汇在一起，成为一个较大的社会集团。

一般移动社会大多为小规模的集团。大凡高频度移动的集团都是小型的集团。小集团人口是由数家族联合而成；超越一百人以上的集团，也许可以视它为大型了。例如西北部非洲的渔捞社会，就是大型集团，成员高达数百人，而且社会的定着性也很高。

移动社会集团，以核心家族为单位。核心家族系由父母两人与子女等形成。大型的移动集团，一般多属血缘集团，至于集团内部家族间结合组织，其血缘的法则性到底怎样，我们多不甚明了。但大多数的移动集团，其构成多为父系的倾向，这也许是由移动集团外婚与夫方居住的婚姻关系的两种规制结果所致。亦即移动集团娶外族的女性为妻，结果生下来的子女，则在父亲的社会集团中成长，因此成立了父系的集团。

另一方面，移动集团社会之中，也有一些并没有外婚与婚姻居住一定的规制，属于一种无定型构造的集团。有一些大集团，就是由很多这种无定型构造的小集团形成的。同时这类的大集团，大都是受到近代文明的洗礼而成立的。根据 Service, E.R. 于一九六六年的报告，这些移动的自然民族因对外来疾病没有抵抗力以致人口锐减，由于移居新土地与相互毫无关系的部族并合而成的集团，爱斯基摩人和北美印第安人，都是这种集团的一例。

核心家庭就是经济的一个单位，它是由婚姻得以成立。在移动集团社会中，每个人是以婚姻奠定他们在经济社会中的成人地位。婚姻一事，若就当事者来看，是一种经济制度；若就整个集团来看，它却带有政治的机能。由于外婚使亲族关系扩展，因之各集团之间的交流，也产生了更密切的关联。

集团与集团之间的密切关联，以及因外婚而使小社会向外开放之故，因是移动的集团社会，对政治的统合，并没有组织化的机构。换言之，即在移动集团中，是没有像部族社会那种酋长制的。

移动集团的内部是没有政治的统合机构。移动集团在本质上只是一个家族的集合体而已。结果它是由血缘集团所构成，领域也是属于共有。成员不时离散和集合。在这种不安定的情况下的集团架构，无疑是非常脆弱的。这样集团的求心力，也许要依赖领域所有性的观念，或者使用共同的图腾（totem）与结社等组织，尔后才能牢固一个集团的力量。

在移动集团社会中，是没有个人的政治、经济和宗教的地位，他们只有男女性别与世代区分的地位而已。在他们社会中，唯一可以获致个人的地位，就必须依靠个人的能力或才能，或者以长老的身份来取得。

集团社会的秩序，是由人与人之间的协调，或互相遵守。他们是没有权威与制度化规制的。所谓协调性，可以从他们日常行动中明确地看到。例如食粮的分配，工作的协力，歌舞和礼仪做法中看出来。这种互惠或互酬性与平等主义的小规模社会，在社会政治的机能发挥上是极其自然的。

3. 狩猎采撷经济的特质

前节所述是移动集团社会的诸种特征，狩猎采撷经济是必然的要求，但相关的各因子，自然是依环境的不同而有各种差异。

狩猎采集民，狩猎部分一般由男人担任，采集由女人担任。根据许多报告，女性采集的植物性食物，与男性

布须曼（Bushman）主要分布于非洲 Kalahar 沙漠，他们是非洲最古老狩猎采集民族之一。从体质上，人类学家认为他们和西南非洲的霍屯督人（Hottentots）及 Pygmies 有血缘关联。居住在 Molopo 河南部的布须曼族，今日仍以狩猎和挖掘草根为主，是现存最典型的采撷民族。

猎取得来的食性食物，所占比率的数值有很大的差异。这些比率是与"生态环境"或"植物相"有关。住在热带地方低纬度的诸集团，他们依赖植物性食物，要比接近极地高纬度诸集团为高，高纬度诸集团则多依赖渔捞生存。住在极地的爱斯基摩人（Eskimo）人，则几乎全是动物性食物。

集团是依着野生动植物的分布而移动。同时亦依环境不同，移动的范围和频度亦异。一般干燥地带的移动，其范围比有丰富植物的森林为广，在北极因对应动物季节的移动而狩猎民移动距离也很远。

物质文化（material cultures）也会因移动影响而受到限制，即人力的运输或猎具与调理工具等，都受到最小的限制。

猎具种类很多，弓箭是最基本的猎具。此外还有陷阱等各种捕猎方法。马来西亚原住民有吹毒针,非洲布须曼用网,澳洲土著用投石器等等,均为其一例。

这些原始猎具,虽然构造简单,但在他们熟练的运用下,却确能产生惊人的杀伤效果。

至于女性所使用的采集工具,普通为掘棒,有时也有用运输的网袋。

所得猎物,原则是供集团内全体成员平等分配,所谓共享主义者。但也有一些集团,在分配上的数量多寡,定有法则性的分配方法。sablins,M.D.认为移动集团,就是建立在互惠性(generalized reciprocity)的社会上。

参考文献:

·田中二郎《ズッシコマン》,思索社,1971。

·Service,E.R.,The Hunters,Prentice–Hall,1966.(蒲生正男译《现代文化人类学 2:狩猎民》,鹿岛研究所出版会,1972)。

·Murdock,G.P.,The Current Status of the World's Hunting and Gathering Peoples,Man the Hunter,ed. Lee & DeVore,University of Chicago Press,1968.

菲律宾群岛 Nigrito 族，左腕所戴的腕环数是表示他猎获大型动物的数量。一如台湾排湾族，在木棍上所刻的横纹，表示猎获野猪的数量。

4. 畜牧群的编成

1. 畜牧的生活

饲养牛、马、骆驼等有蹄类群居性的家畜,作为生活样式的社会,叫做畜牧(pastoralism)。东南亚岛屿区原住民,只饲养猪、羊、犬和家禽者,就不能称作畜牧。

畜牧生活样式的主流为游牧(nomadism),详言之,游牧是逐水草而移动的人类生存行动,并且成立在人类和家畜共存的一种关系上。

游牧并非无计划地流浪。游牧民是依据一定的游牧圈和季节,并对应季节上的变化,来进行家畜群的移动。在北半球地区,冬季南下,夏季北上,作南北两方的移动。山地的区域,则作上下的移动。阿佩(Ape)山脉附近农业社会的畜牧生活,他们的移动可视为一种典型,即作定期的上下移动,是谓移牧(transhumance)。伊朗是一个例子,农人在山麓牧地附近建有村落,栽培果树,在夏季来临之前,则自山麓移牧至低地。

亚洲的西南部地区和非洲沙漠的游牧民,当沙漠的野草干枯时,便将骆驼移至植有牧草的绿洲(oasis)来饲养。至于中央亚细亚畜牧民的移动,大多是自由而不规则,由于游牧是不能定居的,故此无法成立村落。

游牧民主要的食料为乳,一般畜牧民利用乳来作食料,较之利用肉食者为多,原因是利用乳要比利用肉更为经济。与农业关系较密切的沙漠绿洲型的畜牧民,他们的畜牧生产,可说是完全属于自给生活。

畜牧作为日常食用之外,也利用家畜作为乘骑和搬运之用。

2. 世界的畜牧圈

沙漠的周边，少雨而无灌木生长的草原地带称作"steppe"，它也是畜牧的舞台。从蒙古至中央亚细亚，经亚洲西南，以及北非的沙漠草原，都是畜牧的中心地。

安居屋顶之下的生活是文明社会才有的，沙漠里的游牧民族只好露天而宿。他们烦恼不多，欲望也不大，脑子里没有什么要想，有足够的水草就满足了。图示东非索马里的畜牧民，一个小孩躲在骆驼的背上，它就是他温暖的家。

西伯利亚的北部以及加拿大北部的平原或低湿地是冻土地带,亦称冻原(tundra)。类似这种寒冷地区即欧亚大陆的北方也有畜牧民,不过它的起源比较晚,也许是二次形成的畜牧舞台。

在旧世界中,诸如热带雨林和高温多湿的夏天季节风地带,是没有畜牧样式生活的。至于在新世界——美洲大陆中,从南美引进骆马(llama)和羊驼(alpaka)等有蹄类的家畜作大规模的饲养,类似这样的饲育并不形成游牧的社会,只可称为经济的开发,或称之为畜牧的企业。

3. 畜牧的类型

世界畜牧民可以分为四种类型:

(1) 冻原畜牧民——以饲养鹿科的一种驯鹿(Rangifer tarandus)为主。分布于西伯利亚和中国东北北部。

(2) 沙漠草原畜牧民——蒙古可以作为中央亚细亚典型的草原地带畜牧类型。主要家畜为马匹及绵羊,也有添养一些牛群。

(3) 沙漠绿洲畜牧民——分布于亚洲西南及北非。主要家畜为骆驼和山羊,但以山羊的比重较大。

(4) 热带草原畜牧民——主要地带分布自东非以迄苏丹,Maasai 族是最典型的一例。主要动物为牛群,但也附带饲养羊只。

4. 畜牧群的编成与技术

畜牧民的移动圈是依家畜的种类及年龄不同而异。

家畜之中,其中由于必须把母子予以隔离,这类情形,就必须把家畜分为若干群来管理。若为放牧的家畜,则将牛群自数十头或编队为混合群,由若干人来监视。仔牛则集中在居住不远的牧地附近,交由女性来管理。

大凡畜牧民都要把家畜母子隔离来饲养,以便将乳供自己饮用,剩下来的乳汁才用来喂养仔牛。

如果母牛和仔牛合一饲养,则使用物理的隔离法,在仔牛的头上加装口罩,或在仔牛口上装一根削尖的小木枝,由于小牛吸乳刺痛母牛的乳房,母牛自然会不让小牛去接近它。

牡牛性喜争斗,牛群中如果牡牛数目太多,常常不易管制。因此除了为配种之外,大多数的牡牛都必须去势。去势的牡牛性情温顺,亦可作为役畜之用。

5. 石器时代食料生产的开始

自 12000B.C.以来，高纬度地方的冰河，在一进一退的情况下就开始融化，迫至 8000B.C 年代就成为现在衰退的样子。随着冰河的后退便是海面的上升，湖水和海水连接起来，有些陆地被海水淹没而成为独立的岛屿。爪哇、苏门答腊、不列颠、日本列岛等在那个时期就和大陆分离。实际上，有些区域受到厚重冰床的压缩，以致陆地隆起，也有一些地区，依冰河融化速度的高低与地势的不同，也产生了各种复杂的现象。

当冰河衰退以后，极地狩猎民主要食料来源的大型哺乳动物也跟着绝迹，诸如多毛犀和古象都移动至东北方，最终也完全绝灭。其时人类的狩猎活动不得不随环境的变迁，改向森林来猎捕鹿、野猪和鼠类，而且捕猎的方法，和从前在草原上的方法完全不同。其时人类除狩猎哺乳动物外，同时也不得不努力去寻求更适应生存的环境，这个时代通称中石器时代。

约在 10000B.C.以迄 8000B.C.，在法国南部、中欧、不列颠岛所分布的阿吉利安（Azilian）文化为 Maglemosian 传统的延伸，视为艺术作品的所谓"彩砾"发现不多。可是所谓彩砾主要为河川的原石，其中刻有红色记号（sign），可能是宗教的目的。石器之中，属于刮削器（scraper）或尖头器者，体积都很小，刻有钴齿的骨角器是结有绳索以为投掷用以狩猎，制作技术大都非常粗糙。在森林中还发现许多贝冢，显示人类曾采贝类为食。在一些遗址洞穴中且发现不少骷颅骨，上覆赤色黄土。同时此一文化期中，确实人类已知为狩猎而饲犬。

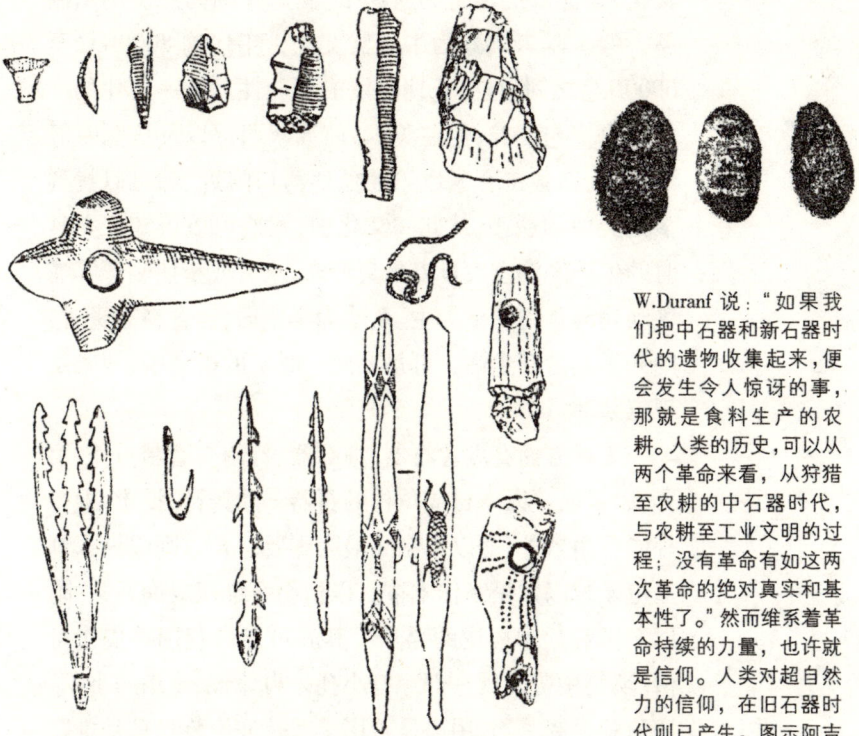

W.Duranf 说:"如果我们把中石器和新石器时代的遗物收集起来,便会发生令人惊讶的事,那就是食料生产的农耕。人类的历史,可以从两个革命来看,从狩猎至农耕的中石器时代,与农耕至工业文明的过程;没有革命有如这两次革命的绝对真实和基本性了。"然而维系着革命持续的力量,也许就是信仰。人类对超自然力的信仰,在旧石器时代则已产生。图示阿吉利安的彩砾。

Maglemosian 文化期道具
(采自 Braidwood)

　　阿吉利安文化其后在西南方发展为颇为高级的 Sauvererrian 文化,此一时期的遗物发现自法国西南部地区,它与广为分布的 Terdenoisian 文化相同,已知应用细石器作矢镞。

　　与 Tardenoisian 同时代,或较此更早的 Maglemosian

文化,在泥灰层出土的遗物中,尚保存颇为完整的木制品，考古学者判断为中石器文化，年代约 8000B.C.至6000B.C.之间,且有长期发展的可能性。此一文化的中心为丹麦与瑞典，但在英国、前苏联西部以及比利时等地区，在海拔二百米以下的低地河川附近,都可以找到多处类似的遗迹,从此一文化中,我们可以得知人类其时的生产经济已大量以采集海产、水禽或猎捕驯鹿等哺乳动物与食用硬果为主。夏季为半定居，当食料乏匮时，则开始其游动生活。可是在此一时期的遗迹中,却未发现有墓葬。

工具方面有剥片石器、细石器、打制与磨制石斧、手斧,以及嵌镶以木材或角材的石器。除钓针、投矛、棍棒等的骨角器外,尤以木制品最为重要。自古则以枞木制造枪矛或以白松制作木櫂。以植物纤维织成渔网,并附以石锤和松木树皮的浮具。其时可能尚利用兽皮作舟楫。遗物中曾发现一部穿有小孔牙齿珠粒、琥珀的小象、鹿角和骨制垂物,用途是否用于宗教抑为装身具是难以判断的。从上述出土的遗物中,我们不难想象,在物质贫乏的石器文化时代中,人类在生活上似乎已相当丰富。由于遗物多发现自泥炭层,虽经一万多年的时光,但在保存上还相当完整。

所谓中石器时代 (Mesolithic)，亦即旧石器时代 (Paleolithic)与食料生产时代的过渡期。在这时期出现的重要文化要素,有一至五厘米的细石器,嵌以木棒或兽骨,组合成为枪矛或矢等道具。即在过渡期中所制的道具与机能,最重要者乃为制作迅速,部品取换也容易,对石材性质已知作有效的利用。此类细石器在东南亚及中国南部发现不多,但在旧大陆地域则分布甚广。在澳洲和南非都有发现,只是年代较晚而已。至如磨制石斧的发现,可能系当年以为开发森林之用。迨至旧石器时代后期,且出现有舟楫、石锤、钓针和渔网。

在美洲大陆的后冰期,产生了所谓"古期阶段"的文化。海岸和湖沼地带都发现有堆积的贝冢,以及在森林狩猎小动物,情形颇似中石器时代。而且也很像下述西亚的农耕畜牧起源地,以及类似热带半干燥地域由特殊的植物而产生了所谓"沙漠文化"。

在西亚中石器文化中已有细石器的利用,犬的家畜化,以及一些简单的装身具。在同一时代,欧洲方面也有多数类似的要素。9000B.C.至2000B.C.年间,从叙利亚、黎巴嫩、巴勒斯坦以迄下埃及,分布于上列地区的所谓Natufian文化,从它的遗迹中,显示有定居的倾向及墓地和石臼、石杵等农耕道具,尤其发现用以收刈稻科植物的镰状石刃,由此测知其时已栽培麦类的植物如黑麦、荞麦和大麦等,为文化史中最值得重视的事。

最古的文明,最早发生自西亚至埃及的所谓"三日月地带",这是Braidwood所给的名称,它并不包括美索不达米亚低地和尼罗河下游的古代文明的中心地。因为前者的地带乃在300~1500米之间的山腹地,年中平均降雨量为300~1000厘米,远比美索不达米亚为丰富。三日月地带就是表示具备着这种最古老的农耕形

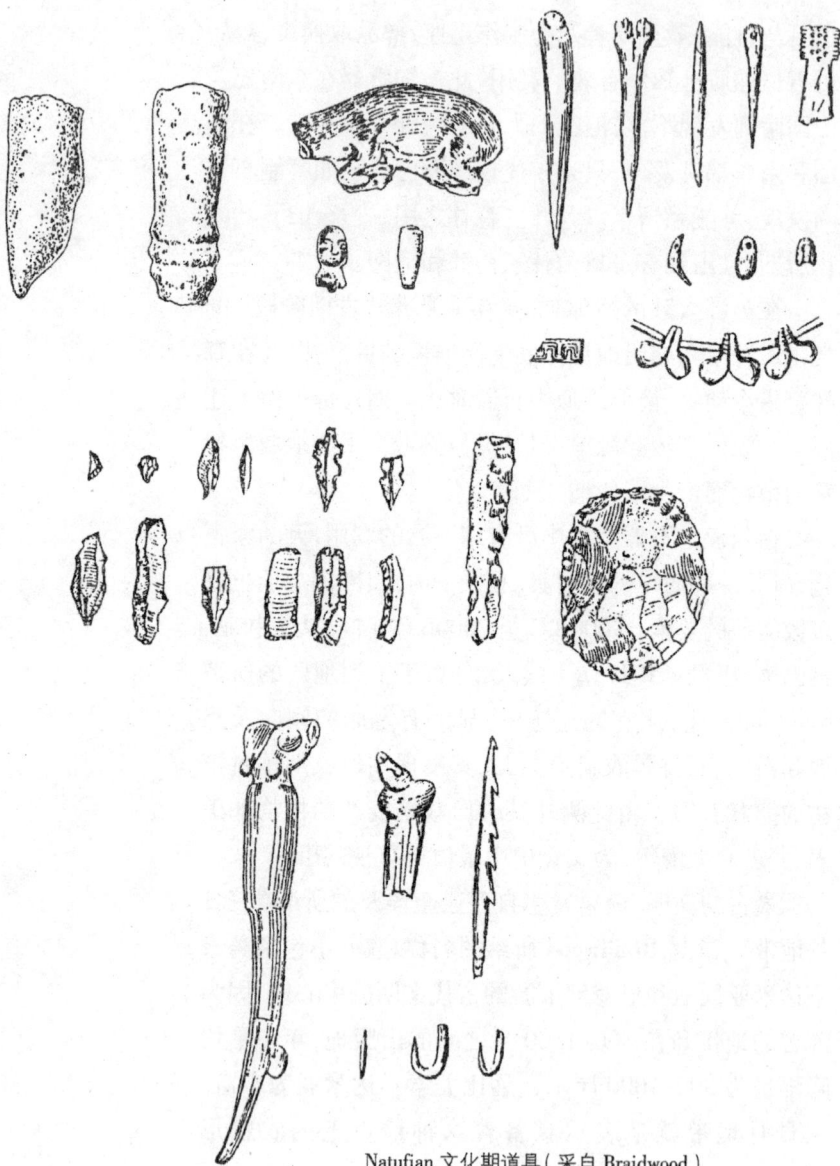

Natufian 文化期道具（采自 Braidwood）

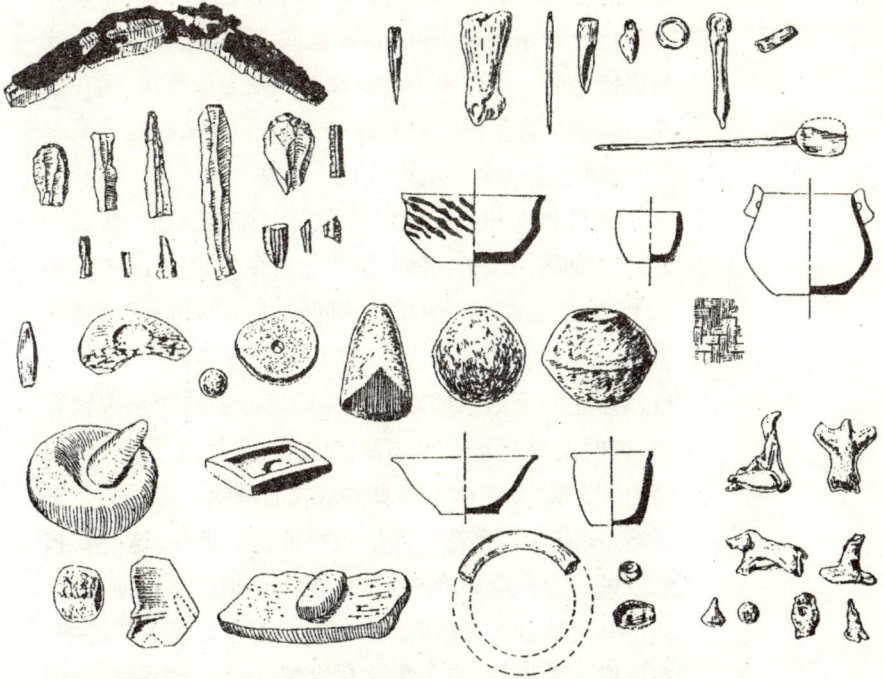

Jarmo 文化期道具（采自 Braidwood）

态——看天田。此外还有一些高原、山间盆地和低冲积平原所形成的阶梯地带，也有丰富"垂直经济"的可能。类似这种的定居村落，就决定了人类史生活的样式。

　　人类最初从自然中夺取食粮的经济，其后则渐次移行而变为从自然谋生产的经济，这种变迁，V.G.Childe称之为"食料生产革命"。为求了解产生此一革命的基本条件，他认为必须要从后冰期自然环境激变时期来观

41

察。即北半球的冰河当它向北方高地退却时,其时西亚等地也开始干燥化,同时森林也向北面移动,最终就成为阶梯地域。但在南边的阶梯地域则为沙漠化,而在沙漠中能够养育生命的只有绿洲,人类和动植物进入共生关系,继之就产生了正式的栽培畜牧。

依照上述 Childe 所示的图式,其中也有一些疑问之处。其所示革命的名词,所谓急激突发的变化一项,实际上,它是很难令人想象的。同时,Braidwook 又谓冰河后退时所伴发西亚干燥化之前,并没有食料生产,他且指在西亚的第四冰期以后自然环境冲击的变化则较缓慢,其时文化已达至相当高的水准,它是由于"文化的潜力"关系,故此有出现农耕畜牧的可能。肥沃的三日月地带的丘陵,家畜和栽培植物都是野生种,这个农牧地带遂成为自然环境的"核地域"。类似此等核地域,即从美洲大陆以迄安第斯山(Andes)都可以视为核地域。在这样的地域里,当人类文化发展到某一水平时,所谓由于"人类的特质"(human-nature),农牧就会自然地发生,这是 Braidwood 的想法。

Childe 学说又称"自然决定论"或"文化决定论",但欠缺科学的论证力。目前有不少学者依赖考古学的勘察所发现的事实,然后再由想象来构成当时的人类生存的变化情形。L.R.Binford 对人口的内压和外压的两种因素甚为重视。他认为因海进所产生的海岸部分地区的变化,对于鱼贝之类的海产增殖最为适当,由于海洋经济的发展人口亦随之膨胀,由于人口增加的内压,不得不从海岸向内陆移动借以寻求新天地,于是遂与狩猎生活的原住民接触,因之既存的自然与人口的平衡关系失调;换言之,即生态系与人口的平衡,遂因外压影响而发生崩溃。这时移住者和原住民为了共同的生存,就不得不另谋食料获得的新生产方法。

关于食料生产唯一的解决方法,根据 K.V.Flannery 的学说,他认为植物遗传因子构成的变化是最重要的一个关键。从中美洲古期遗迹食料残渣的分析,得知当地原有野生的玉蜀黍,其后由于近缘种的交配以及偶然的遗传因子的变化,才产生了改良的玉蜀黍而成为最主要的营养来源。

一如上述, 由于 Natufian 文化具有农牧的潜力,因之使西亚呈现文化迅速的发展。9000B.C.的Karim-Shahir 期,在出土遗物中已发现有石块的圆形小屋、石镰和石锹及石斧等。出土中还有羊、山羊、牛、马等兽骨。

其后,迨至 Jarmo 期的遗迹层则较厚,出土有谷仓,它暗示人类已进入定居的生活。出土还有两种小麦和一种大麦。除山羊、犬已家畜化之外,尚有豚的骨骼。其时豚是否已家畜化,抑或骨骼来自野猪则未能确定,不过,此等豚骨在动物骨中竟占 95%之多。石器中有石刃,手把乃使用泥灰来固定, 此一技术是最值得我们注意的。Jarmo 遗迹的建筑以石块为地基,砌石为墙,石墙上涂以泥土,共有十五户,估计这一部落大致有一百五十人。遗迹中且发现 5000B.C.的土器及 6500B.C.的动物和女性像。

　　Jericho 遗迹（古时巴勒斯坦的都市）较 Jarmo 为久远，9000B.C.已有人类居住。遗址区分为六层，由最下一层数起第二层乃包括 Natufian 遗物，第三层面积四千平方米的土地，估计约住有两千人，在 7000B.C.的层位中，即在尚未制作土器的时期，却发现有大规模的土木工程，以及颇为复杂的死者处理痕迹，尤使人惊讶。

　　新石器和旧石器在时代上的区分方法，既往大都依照磨制石器的应用、土器或编织物、农耕畜牧等作界定标准，即新石器时代较之旧石器时代乃具复杂高度文化的时代。可是，像上述的例子，尚未知制造土器之前，已有类似今日都市文明的大土木工程登场，这种情形，在新旧两大陆都曾发现过。故此最近我们所指的"新石器时代"这样一个今日的一个名词，其含义指定着村落的确立社会的时代，已不重视既往物质文化要素的组合了。

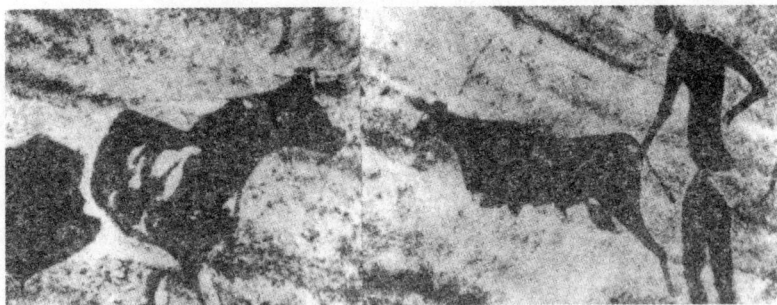

人类在旧石器时代，以狩猎采集为生，前后维持了二百多万年，新石器时代进入农业社会的阶段。三百万年后才开始发现人口的繁殖比粮食的生产为快，于是人类的悲剧就此揭开了序幕。

继 Jarmo 期之后即为 Hassuna 期 （5600B.C.~5100B.C.）的来临。此一时期的新要素为土器、纺锤车、日晒的瓦片、脱谷盘和瓮棺。土器乃掺以蒿碎和黏土调练，形制中有瓮、壶、深钵等，并饰以刻文和彩文。遗迹中虽然没有发现织物，但纺锤车则确属纺纱之用。打制石器的发现数量减少，暗示着狩猎生活的比重减轻。

最古的铜器系在土耳其出土，约为 7000B.C.遗物。5000B.C.时期，从西亚至地中海开始发生很大变化，其时北部美索不达米亚以迄土耳其的文化，所谓 Halaf 文化是一样性，而且相当地发达。Halaf 期的土器，多出现几何文，建筑物有圆顶状家屋，出土还有双头石斧和挂在胸上的一种图章状石刻护符。

同一时期，南部美索不达美亚也开始发生一般称作 Eridu 的文化。由于南部属于干燥地带，因无灌溉，故不宜于农耕，同时又缺乏石材，故出土文物不多。

南美索不达米亚，因有灌溉农耕，故较北部地区为优越。Eridu 期继续延伸，及至 Ubaid 期，南方的文化遂进入北方，反将 Halaf 文化有压倒之势，予整个美索不达米亚色彩趋于统一，同时也使 Ubaid 文化与 Eridu 文化平行发展。这时文化的内容，重要的事物有大神殿的建造和神官支配者阶级的产生。同时还有与邻近地区作大规模交易、课税以及物物交换的制度化。南部美索不达米亚并没有铜矿，但出土遗物中竟有铸铜的钻孔斧、铜针以及铜制的动物像。这些遗物可能来自波斯湾的交易。

此一时期,美索不达米亚的农业已达至很高的生产力,而新大陆的原始农耕开始,较之西亚则迟约两千年。

参考文献:

·中尾佐助,《栽培植物と农耕の起源》,岩波画店,1966。

·角田文卫,《石と森の文化》(沈默の世界史五),新潮社,1971。

·C.シンガ,《技术の历史》第一卷,筑摩书房,1962。

·R.J.ブレイドウッド,泉靖一监译,《先史时代の人类》,新潮社,1969。

6. 农耕在人类学上的意义

人类自旧石器时代（Paleolithic）以来一直依赖着狩猎采撷活动来生存，迨至中石器时代（Mesolithic）末期，才开始把若干种类的野生植物栽培成功，产生了农耕的雏形。考古学家 Childe，G.V.称这个农耕的雏形发生为"新石器革命"（Neolithic revolution）。由于此一革命，人类的社会与文化，开始显著地进化。同时又因能确保生产力的安定，与人口支持力的向上，定着的村落随之产生。陶器和编织等各种技术继之发展，形成了文化上的农耕阶段。由于此一结果，遂又产生了商人、贵族、战士与奴隶制度，社会阶层也起了分化，形成了都市与国家，同时也创造不同于狩猎采撷经济阶段的崭新的世界观与价值观。

以初期农耕为生产基础发展出来的社会与文化，它的特色虽然有不少的论述曾经提及过，但根据 Sauer，C.O.的指摘，认为栽培杂谷类等种子农作，与栽培甘薯、香蕉及椰子等营养繁殖农作两者做一个比较的话，它的性质实大不相同；由于此一性质的不同，随之由它所产生出来的社会及文化，也并不一样。其情况一如水田农耕与常畑农耕，或烧耕之间，农耕的技术的差异是很大的，换言之，即使是同一的农耕，在文化史上的意义也是不同的。"农耕"一词，尤其在人类学上来说，对世界各地的农耕类型的区分，更不能不把握它每一类型及其特色，否则就没有什么意义了。

农耕大致可以分为旧大陆及新大陆两大类型：

1. 旧大陆的农耕类型

（1）麦作型农耕

麦作型农耕为冬作物的栽培,同时也栽培少数稻米及畜养山羊绵羊等家畜。它的渊源,可以从伊拉克遗迹出土的石锹、镰刀、石臼、杵、碗等遗物,以及黑燿石制的细石器等发现,得知 6000B.C.已有农耕。

在东方的地带（古代所指的亚洲西南、非洲的东北）在 5000B.C.亦已早知畜养牛群与犁耕。而且有休耕、放牧的交互活动,形成了所谓有机的结合——"有畜混合农养"的体系,促进了农耕文化的发展。

麦作农耕的过程

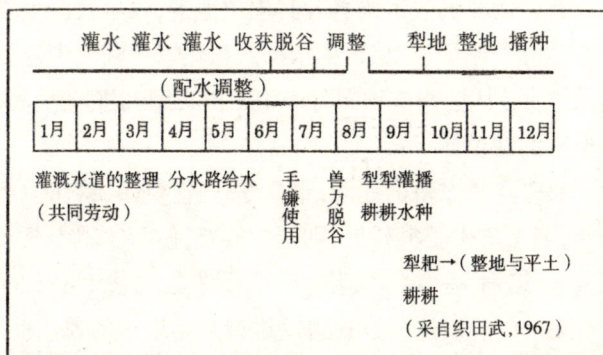

灌水	灌水	灌水	收获脱谷	调整			犁地	整地	播种		
			（配水调整）								
1月	2月	3月	4月	5月	6月	7月	8月	9月	10月	11月	12月

灌溉水道的整理 分水路给水   手   兽   犁犁灌播
（共同劳动）   镰   力   耕耕水种
                 使   脱
                 用   谷

                         犁耙→（整地与平土）

                         耕耕

                         （采自织田武,1967）

上图所示为亚洲西南部冬雨地带麦作起源的农耕技术基本特色。其一是利用秋冬季节的降雨量来实行干燥农法（dry farming）的方法。为此,播种前的犁耕与播种后的耙耕（harrow）等作业是必要的。其次是在麦作生育时的灌溉。再其次便是犁耕与脱壳等畜力的利用。

此等耕地、休闲与放牧之间的轮作,因而产生出所谓欧洲型的有畜混合农业的形态。

在5000B.C.后半时期,这种文化则从近东扩及至美索不达米亚(Mesopotamia)与尼罗河谷,因此形成了许多都市国家与神殿,所谓产生了东方(orient)的古代文明。

此一文化,在4000B.C.至3000B.C.之间,更向东方伸展,自中央亚细亚以迄西藏的绿洲地带。向西则自地中海沿岸以达欧洲。因此造成了今日所谓欧洲型的有畜混合农耕基础形态。

(2)根栽型农耕

在东南亚的热带雨林及其周边地带,很早就产生了甘薯、香蕉、椰子类,从野生状态栽培化以后则成为营养繁殖农作。从这些作物同时产生了根栽型农耕。此一农耕形态的特色如下:

热带雨林农耕的起源,最先是伐林、烧山,耕作一至三年,当土壤中肥料耗尽,则开始放弃,使之休闲十至十五年。这种基本的农耕方式,谓之烧耕(swidden cultivation)。以这种方式得以维持一生生活的农用地,如果包括休耕的森林在内,它对土地面积的需求,是相当辽阔的。此种农耕是兼饲家禽和猪,犁具不发达,唯一的工具仅有掘棒而已。因此根栽型农耕生产力是有限的,人口的支持也不大。

但在热带,年中气温不变而且多湿,作物容易生长,故此没有什么种植期或收获期。其生产的安定性较种子栽培型的农耕为高。

根栽型农耕的社会,对于农耕仪礼(祈求丰收等祭礼)不甚发达,故无特定祭司阶级。由于此一原因,故自古以来,就没有"祭政合一"的王权出现过。这该是此一农耕形态的特色。

在根栽型农耕地带,除了砍伐森林与烧耕,农耕的作业大都由女性来负担,但男性几乎只从事渔捞与狩猎。

可是,这种形态的农耕,自东南亚森林地带形成以后,曾传入印度而后达非洲,因此产生了热带西非根栽型农耕地带(yambelt)。此外,尚向东扩展,远达大洋洲各岛屿。

此一根栽型农耕虽然最初开始于东南亚地域,其后,这一地域则展开杂谷栽培型的农耕,继之再度分化为稻作农耕,代替既往的根栽型。今日所谓根栽型农耕,只有在大洋洲才能看到它的典型姿态。

(3)杂谷栽培型农耕

杂谷栽培型农耕主要系指禾本科植物的栽培,玉黍蜀、小黍等,英文总称为"Millets"。撒哈拉沙漠南缘以迄东非的平原(savanna),以及印度中西部的草原等地带,大都从事这种杂谷型农耕,此种农耕除黍而外,还有兼种瓜类及豆类等植物,这些植物以夏作为其特色。

杂谷类农耕的农具,多以手锹为主,故生产力很低,人口支持力也不大。因此这个阶段的村落共同体,大都规模很小,在信仰上虽然有祈神丰收的司祭与巫师,以及有头目或领导长者的存在,但在社会内部,甚少有剩余的蓄积与社会阶层分化的现象。

杂谷栽培型烧畑的过程(印度·巴利亚族)

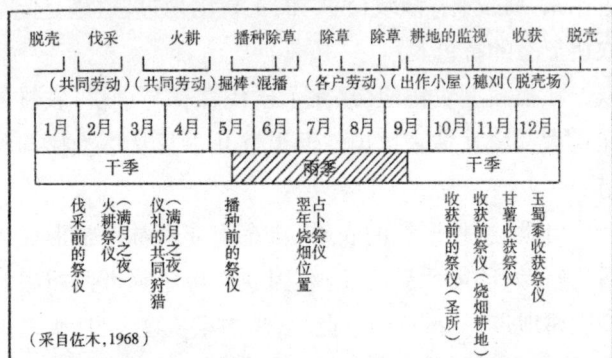

脱壳	伐采	火耕	播种除草	除草	除草	耕地的监视	收获	脱壳
	(共同劳动)	(共同劳动)	掘棒·混播		(各户劳动)	(出作小屋)	穗刈	(脱壳场)

1月	2月	3月	4月	5月	6月	7月	8月	9月	10月	11月	12月
干季					雨季				干季		

祭仪(由左至右):
- 伐采前的祭仪
- 火耕祭仪(满月之夜)
- (满月之夜)仪礼的共同狩猎
- 播种前的祭仪
- 占卜年烧畑位置
- 收获前的祭仪(圣所)
- 甘薯收获祭仪
- 玉蜀黍收获祭仪

(采自佐木,1968)

可是,印度的西北部,早期因受到东方高度文化的影响而导入了犁具,同时又受到地中海文明的影响。故此农业的集约度很高,因此从烧耕很快地就进展为常畑的耕作。由于农业的集约度向上,故此定着的村落,自然地也很快地形成了都市国家。

同时,这种类型的农耕,很古时期又传入了中国(4000B.C.时期),华北的黄土地带就开始有麦作型的农耕,而且农业的集约度也很高。继之,结果产生了华丽的彩陶与仰韶文化,在龟山文化期(2000B.C.),更产生了殷周的文明。

可是这种农耕,从发源地的平原地域渐次扩大。当它扩达至西非和东印度的湿地时,这杂谷类的"稻米",遂渐适应生长而变为湿地性的稻米。为什么稻米能如此

快速改变其特性,根
据植物学的说法,一
般杂谷大都属于陆
生,也许稻米原本就
生自于沼泽,故有以
致之。

非洲的稻
米学名为"Oryza
Glaberrima",其后,
则未见有更进一步
的栽培发展。亚洲的

瓢箪容器,Solomon 岛

稻米学名为"Oryza Sativa",此种稻米在印度东北部阿
萨姆(Assam)地方与中国云南高地,已经分化为多数
的品种群。

稻米的适应变化现象,这固然是植物本身的特性,
但与畦畔及灌溉的各种技术未必无关。水田农耕的成立
时期,也许早在 3000B.C.后半至 1000B.C.已开始,而且
很早就在印度北部以及中国江南一带的平原展开。然而
关于这一点,至今日还未找到证据。

统略而言,由于水田农耕的确立,因此产生了不凡
的文化——水稻农耕为中心的社会,与宗教信仰的统
合,所谓"稻作文化"。

2. 新大陆的农耕类型

在新大陆,南美洲东部的热带森林地带与 Andes

（安第斯山脉）中部的山地，都是根栽型农耕的发源地。墨西哥高原南部与中部安第山地，则为玉蜀黍杂谷栽培型农耕的发源。

新大陆的根栽型农耕，是在热带的低洼地展开，主要的根栽植物大都有毒，它必须经过特殊的除毒技术，才能作为食用。例如一种芋头的植物，现在虽然已有数种品种已达至栽培化，但它也要经过特殊的冷冻干燥与贮藏，俟毒质消失后才可以作为食用，这是新大陆根栽植物的特色。栽培在安第山地的这种有毒芋类在古代文

1972 年在菲岛南部所发现的纯血小黑人，他们的原始工具乃以石夹两木之间用藤条捆固，以作打锤。

明时期则已种植,它对文明的发展影响是值得我们注意的。

　　在新大陆的主要谷作物则为玉蜀黍,或谓它起源自墨西哥高地,也有谓起源于安第山脉中部的山地,但迄无定论。根据考古的判断,这种农耕可能开始于4000B.C.,其时已有灌溉农耕与梯田耕作的高度技术,因此也促进了大规模的祭礼中心和都市的发达。可是新大陆不似旧大陆,把牛马作为役畜来饲养,只有掘棒及踏锄等农具,不知有铁器的存在,故无犁具的发生。迨至欧洲人入侵以后,新大陆的传统文明才开始随之急遽崩溃。

　　上述各节,是各地农耕类型及其基本特色的概念,各地域农耕所具有的特征,我们理论上不难察出它与其文明性格有密切的关联。

　　农耕与文明,其在理论上的关联,我们还要考虑许多项目,即农耕所具生态学的、技术的特色与人口支持力的关系,分工与协业系统的关联,农耕技术的进程,宗教礼仪与社会制度,历法的关系,社会组织与市场组织等等。上列种种都是重要的问题,都不能不加以仔细推察。

　　在文化人类学的立场,如果我们能够从研究农耕所有重要课题的过程中找到一些答案,对研究"农耕与文明"的诸种关系,应是最确切的一个途径了。

7. 原始衣着与装饰

1. 衣着的原始观念

关于衣着的习俗与服饰，如果我们只就它的各种要素来做比较，是没有意义的。事实上，它对一个民族的文化以及在社会上的意味应更为明确或更为重要。

例如巴西亚马逊支流 Xingu 流域，许多部族，由于他们未与外界接触，故仍维持传统，男女都不穿衣。Xingu 河的位置正在赤道上，长年高温多湿，一年中的季节变化只有雨季和旱季，但中午和夜里温差常在十度左右。夜间的气温平均 22℃，九月间寒流来袭，温度可能降至 12℃。在这种环境出生的土著，实无穿衣保暖的必要。夜冷时只在住屋内点燃柴火则足以御寒。

雨林中正是蚊蚋和虱子繁殖的环境，他们就利用一种果汁调和染料涂在身上，就可避免在黄昏被蚊虫叮咬。黄昏时光是蚊蚋最活跃的时候，因此他们经常都把染料抹在身上。

他们抹在身上的染料只有红白两色，它是取自植物和黑炭。习惯上都描成几何文的条纹，但也有取自动植物精灵的象征纹。这些所谓画身（paint body）的文样，在印第安部族中并无规定的形式，依个人的喜爱，可以作个性的表现。

在禁忌上，女性是不可参加丰收祭、夜间祈神以及与咒术有关的各种仪式。一般秘密祭仪，都是由男性在密林中举行，由于女性在原始社会中没有地位，而且被视为一种最脏的东西，故此最神圣的事项，都是由男人执行，男人身上所绘的动植物象征纹样，都与信仰有着密切的关联。

　　此外,其他地区如新几内亚东部 Asalo 山谷的 Dani
族都要在阴茎套上一根长长的瓜皮套(penis-case)。南

人类遮蔽身体,并非由于羞耻之念才穿衣,反之,有些族人,认为穿衣才羞
耻。新几内亚的 Dani 族,今日的战士都在阴茎套上一根长长的瓜皮套,依
长短来显示他在社会中地位的高低。West iriai,New G.

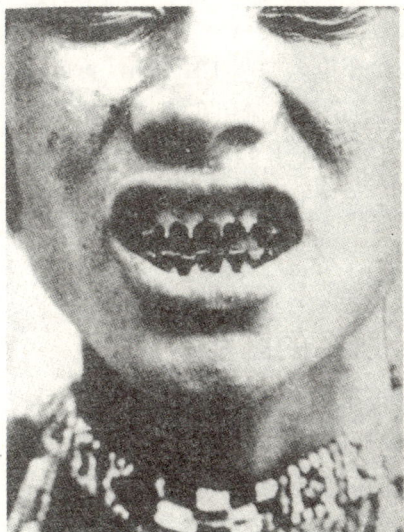

Caduveo 族的妇女脸部的画身纹样一如 moko 的复杂,她们深知如何先把脸部作上下左右四等份,然后再绘细节,以求造型上的平衡。

人类为什么要缺齿,整形或举行割礼,极尽虚荣与欲望承受这种痛苦? 有些学者认为这是试练勇气,但大部分的学者却认为与信仰有关,即精灵赐予我们生命,人类就必须以痛苦加于己身,以示对神明的感恩。

非斯威士兰（Swaziland）山区的土著，也有同样风习，使用一种圆形的干瓜果，套在龟头上叫生殖器帽（penis-cap）。类似这种的风习，有谓是为避免在密林被枝叶刺伤或因羞耻的一种穿着，事实上并非如此，而是为了避免触怒精灵与引起它的妒忌才加以掩蔽的。这种穿着手段，实完全出自信仰，与羞耻或装饰无关。

2. 性与未婚及既婚的区别

原始社会的组织虽然单纯，可是对于性（sex）与未婚或既婚的区别，却是极其重视的。如表 1 所示南美的印第安土著，在男女间程度上的分别，其共通之处，只有成人在身体上所刻疤痕（scars）的毁身装饰与白色（white paint）的画身（paint body）。最饶有兴趣的一点就是男人是为信仰而画身；而女人则以发型与涂墨

表 1. 依照性别在服饰上的差异（Kamayura 族的例示）

部族成员的毁身装饰条纹	男	女
发型	锅式发型	长发（未婚）前额刘海
头饰	有	无
耳饰	有	无
腕饰	有	无
酋长家系的象征刺青	无	有
颈饰	豹爪·贝一串	蓝色珠·贝两串
腰带	有	无
腰纽	无	有
身体描绘装饰纹样	有	有

（black paint）的纹样,作为她既婚与未婚,或头目家系
的具体的记号（signs）区别。

　　头饰、耳饰、腕饰,是在举行祭典时的装身具,至于
耳饰即在平时也戴着为夸耀身份之用。

　　他们有些装身具是使用野鸟的羽毛,例如红鹦鹉的
羽毛,这些鹦鹉全是捕捉回来饲养的,俟它死后才利用
它的羽毛作装饰,故此羽毛的生产量不多。由于禁忌,他
们不直接射杀野鸟来取毛,深信由射杀取毛的话,自己
的生命也会被殃及。所得羽毛,便属个人的财产,人在死
后,这些羽毛都用作陪葬。故在他们的社会,是没有继承
财产的存在。

表 2. 关于装身具（Kamayura 族例示）

种类	材料	制作者	使用者	用途	变形
头饰	羽·布（三色）	男（家族）	男（成人）	祭仪	有
首饰	豹爪	男（巫师）	男（巫师）	表示身份与阶级	无
首饰	贝	女（家族）	男（成人）	日常	无
首饰	贝	女（家族）	女	日常·祭仪	稍有
耳饰	羽毛（三色）	男（家族）	男（成人）	祭仪	稍有
腕饰	羽·麻线（一色）	男	男（成人）	祭仪	无
腰带	木棉线	女（母亲·妻子）	男（成人）	祭仪	稍有
腰纽	纤维	老妇	女	日常	无

　　表 2 显示有关装身具的一览,女性为制作者,男性
为使用人。这些装身具,最终则属于男人所有。在他们的

观念中，认为女人可以从无形的思想创出有形的东西，她们不似男人那种想法，认为凡是创作都该把自己的"生命"注入作品之内，而是认为创作只是一种"技巧"而已。由于此一缘故，不论纺织或制陶，都由女性来制作。如果遇有战争，女人常被战胜的一方掳作女奴，而专事技能工作的劳动，故此技术的系谱承传，都是由女性传给女性。

由于原始部族对于数字观念并不发达，故对年龄，所知都不会正确。在 Xingu 流域，大致只能区分为幼年、青年及成年。成年者必须经过一场角力的比赛，战胜者才有结婚的资格。

部族中的幼年、青年与成年的三个团体，是由巫师来判断区别的。成年参加成年仪式，这时必须要有装身具，才成为部族里的成员。未婚的女成员，习惯上以长发掩面，婚后才把前发砍断把脸露出来。

3. 美的原始意识

亚马逊河流域以烧畑农耕为主，栽培玉蜀黍与芋。热带植物生长迅速，又因土壤缺乏营养，故食粮的生产不能应付人口的激增，每一个部落，人口大致自一百至二百人，在这种人口规模之下，尚可勉强自给自足，否则必须觅地开拓烧耕。标准的部落，在政治方面，设酋长及巫师七人，这些高级成员，可以享有以豹牙串成的头饰和准许吸烟。在装饰上一望就可以区别阶级，但在他们并非为美而装饰。

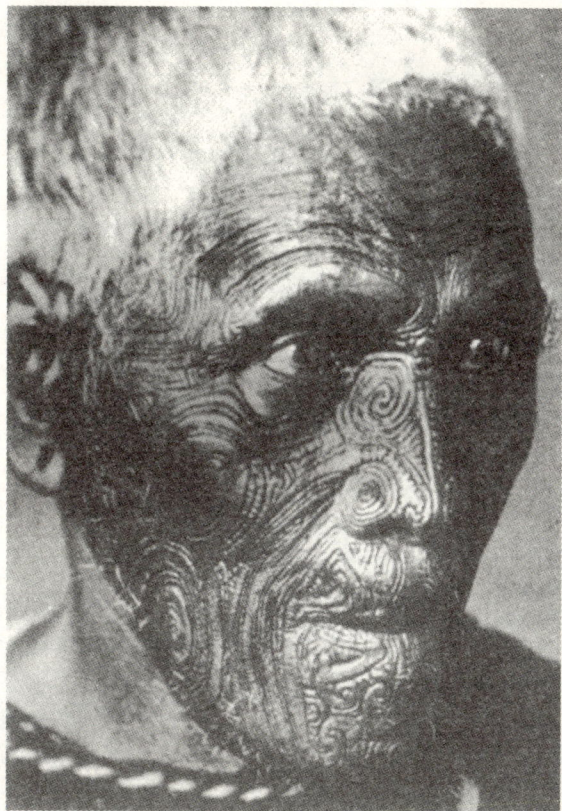

蒙昧民族的男人认为美是自己的标准,很少想到因为美貌而去选择一个妇女,他想到的只是奴役而已,故此男人很能忍受痛苦来装饰自己,一是吸引女性,另一则为吓唬敌人。图为毛利人（Maori）酋长。

　　根据既往许多田野调查,学者们均认为在原始社会中对美的意识,并非因装饰或衣着而来,实际上最初乃因信仰而起,而后因习惯上感到愉快,最后,它就渐次变成美的意识了。

　　衣着在文明社会看来,显然是装饰的或阻遏引发情欲的一种方式,但在原始社会来看,与其说是用来御寒或遮羞的一项物品,不如说它是全无这些观念。日本学

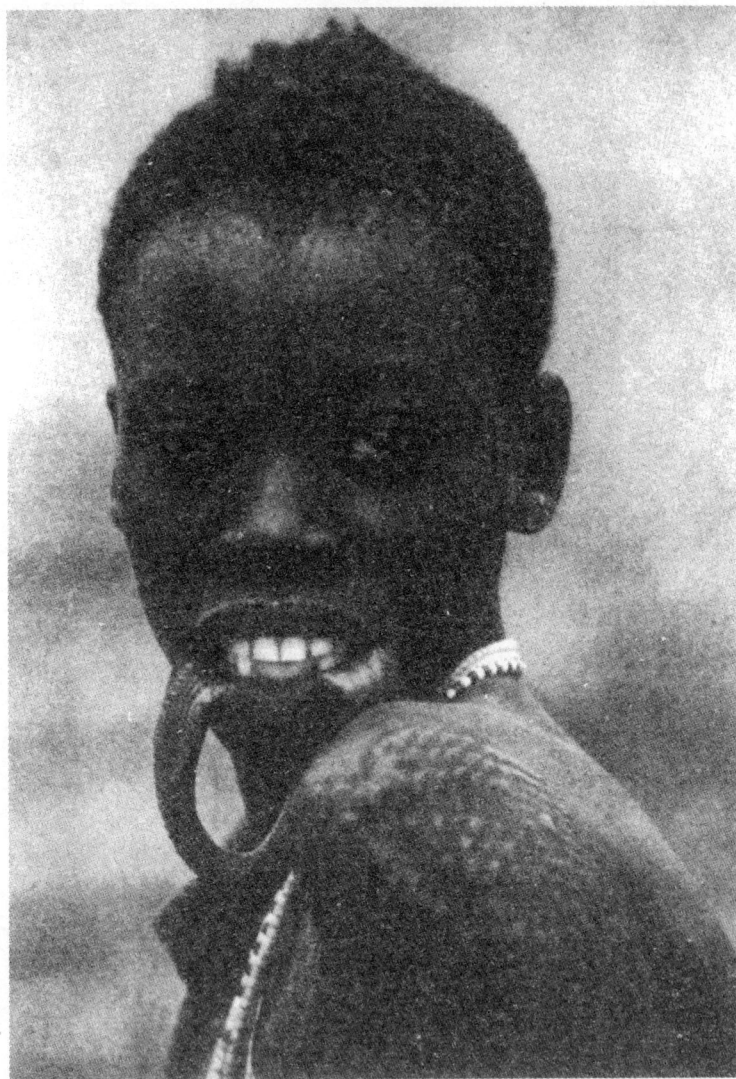

苏丹 Kapoeta 族女,从小就用物理的方法把下唇扯下,扯及唇宽达好几英寸,然后把唇从中间割开,变成一个唇环,还把门齿敲掉,让粉红的舌尖微露,这是一种性的诱惑,唇环下坠,足使男人流涎。

者大给近达在亚马逊河作田野调查时,看到一个土著非常喜欢他的花衬衣,他就脱下来送给那个土著,可是他不穿在自己身上。到了夜晚,大给看到巫师施法时,衬衣却被巫师披在身上,成了一件新的象征道具。又据Durant.W.教授的记载,当年达尔文因为怜恤一个 Fuegia 土著没有衣穿,赠给他一件红色衣服作为御寒,土著却把衣服撕成碎片,挂在身上,作为避邪之用。在南美奥里诺科(Orinoco)河流域的土著妇女,她们反认为穿衣是一种耻辱。故此人类是否因为穿衣而知羞耻,或是因羞耻而后穿衣?事实上,衣着乃依习俗的不同,而它的意义迥异。

4. 人体装饰与毁饰

自然民族如希腊的 Indo–Germanic 或雅利安(Aryan)人为毫无意义的毁身装饰而焦急,因此发明了文身(tattooing)、刺身来作为久远的装饰。在许多部落里,男女都甘愿忍受极度的痛而毫不畏缩,戕贼身体的装饰,甚至为了族人承认他在社会的地位,在成年仪式中,男子被用牛刀切去包皮,女子被刺穿处女膜。

在毁身装饰中,许多民族往往认为文身不够明显,也不足予人以深刻印象,因此在各大洲许多部落里,要在肉体上留下深刻而又明显的疤痕或瘢纹(scarification),女性以此来获取男性们的赞美,或男性以它来吓唬敌人。Gautier,T.略谓:"因为没有衣服可以绣上花纹,故此只好在自己身上绣起花来了。"

65

许多地区的自然民族，对疤痕的剔伤法各有不同。非洲有些女土著把皮肤先刺破以后，再使用一种植物乳汁涂在伤口，愈后则产生有弹性的突出的疤。也有一些用燧石将肉割开，经常用一圆球形的黏土敷在伤口上，让伤扩大变成疤痕。澳洲与新几内亚间 Torres 海峡的土著，带着两肩上的疤痕。在尼日利亚西南 Abeokyta 的土著，把疤痕剔成各种爬虫类的形象。Georg 说："他们身上没有一处是完整的，每一部分都经过变形、破坏、整形、抻长、缩短、描绘、漂白和装饰，可以说极尽虚荣与欲望，就为了这装饰"。

巴西东南部博托克多（Botocudo）的一个部落，里面的印第安人从八岁开始就用一块圆形木皮嵌在下唇把唇皮张大，这样不断地更换直径较大的板子，直到直径大至四英寸左右为止。南非的 Hottentot 族妇女，经常用物理的方法把下唇扯下，扯及唇宽达至好几英寸，然后把唇从中间割开，变成一个唇环。还有一些把门齿敲掉，所谓"缺齿"，好让粉红色的舌尖经常露出来。据说舌头的微露是一种性的诱惑，唇环的下坠会使男人流涎。澳洲墨尔本东部 Gippsland 的土著深信一个人死时假若没有穿戴鼻环，在来生会受到严厉的责罚，上述的毁身装饰，其中一些毁身装饰如文身或剔痕，在施术时虽然非常痛苦，但据某些心理学家的说法，却认为痛苦中颇带有性的快感。

人体装饰之中，最早也许是画身（paint body），画身不似毁身需要太多的时间或者承受难忍的痛苦。画身

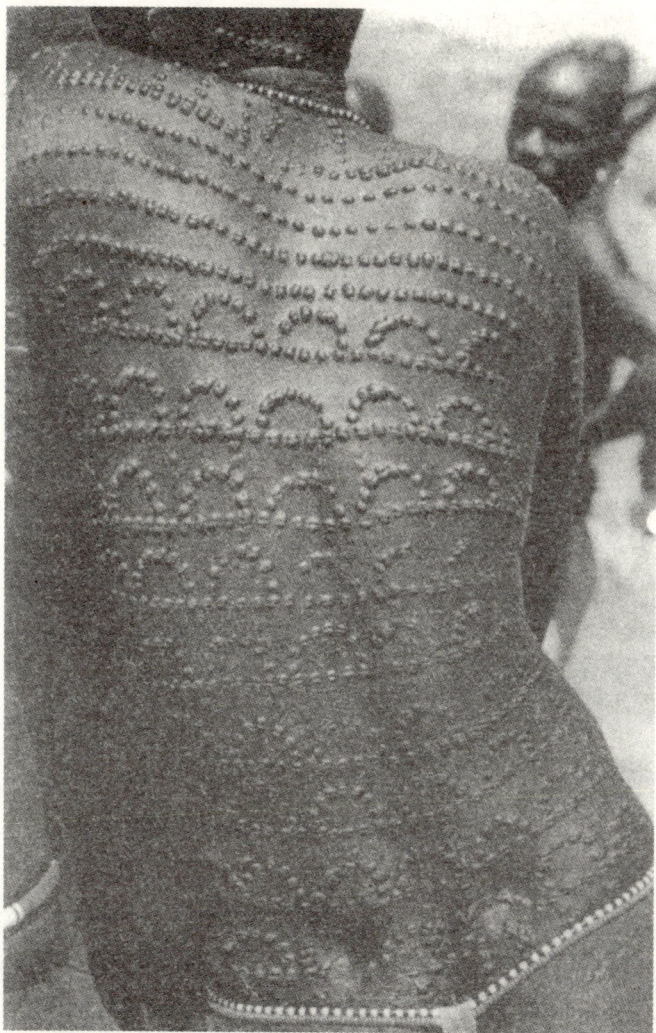

毁身装饰除暗示身份或作一种性的象征外，有时也视为是一种符咒。又据心理学与生理学者的推测，认为在施术时，同时也带有性的快感。

非洲刚果 Bankutshu 妇女的剔痕（采自 Belgium Government Information Center）。

的行为,学者们认为它的来源似乎是当雄性人类看到雄性动物向雌性求偶时,所展示的色彩与鲜艳的外表,因此向它们学习。例如有一种蜥蜴,在左右腰间长有一条黄纹,平时色彩并不鲜艳,可是在交尾期,黄带的颜色则变得熠熠有光,借以引诱雌性的注意。亚马逊河的印第安以及新几内亚的土著,脸上的涂彩,无疑地是从动物的求偶学习而来的。

人类为了使体态美而进行的装饰与美观,正是充满了自爱与性爱的剩余感情,加注于天性上,使这一美化的刺激从个人而表现到外界。此一灵性将借色彩与造型外表,以客观的方式表达了美的感觉,这也许是美的观念的第一个来源。

参考文献:

·Rober I Brain.The Dicorated Body,Harpet & Row, Inc.,N.Y.New York,1979.

8. 人类的形质
   与道具、文化

1. 人类的形质与工具

人类历史开始之时,也是工具历史开始之日。人类之被视为"Homosapiens",就是因为他留下有所谓显示文化的证据——诸如在遗址中的石器工具。一如Franklin,B.所说:"人类是创造工具的动物"。即使在今日的人类学中,认为工具乃文化存在的指标,在灵长类中被认为人科,对工具的制作,当是一项重要的准则。

最远古的人类,是否会像我们今日一般地说话,虽然不得而知,可是,能够使用声音来表达意义作为相互的沟通行为,该是很有可能的。人类制作工具以及利用工具,两手的上肢必能自由活动。同时亦必须作直立的姿势,两足且能步行,当是必要的条件。而且拇指和其他的手指也要能相向才能握持物体。如是手的活动是经由脑与神经系统的指挥和控制,如果为了某一目的而改变手的活动方法,其时脑的动作,就需依赖知识的记忆来指挥它。最后由于这个原因与结果,即经由知的过程,最终才能制造出工具。

如是脑的动作,它必须经由学习中的记忆,从而使之概念化。而具有特定意义的记忆,再而移转为声音则成为言语。语言就是最简单而又最有效的传递意义的方法。

人类很早时期便喜欢借集团以共存,因此,我们不难推知其时对于工具的制作,由于社会秩序性,出现某一种规范的"雏形"的工具,是没有置疑的。

有人认为人类发展的历史,在工具出现时,文化亦

所罗门群岛巴和族土著以树枝和干叶筑屋,然后用黏土涂于外壳,顶上开穴通风,下留一穴作出入口。

随之扩展于诸领域,甚或继之产生崭新的创造。这种推测也许是不甚妥帖的。关于这一点,因为在学术上,既往对于工具的发生,过分视为文化上最重要的地位。事实上,人类在最初的经营生活中,最先不可能开始就制作工具;无疑地,它必须经过一段时间,而与社会生活和精神生活相互关联而存在的。

2. 工具与物质文化

在文化人类学中,对于工具(tools)一词,虽然还没有严密的定义,但一般应该是指手动生产或工作用的器具。

若就工具发达的历史来观察,Mars,K.H.把工具区别为人力与动力两类。以人力来操作者称"工具",以动力操作者称"机械"。Mortillet,A.D.把它区分为道具、器具(apparatus)与机械。原始的东西称道具,手动的东西称器具,利用动力来操作的称机械。也许这样的分类,才能确切地对社会经济历史的变化做一个明显的划分。

关于道具,如果要在技术上加以详细的分类,由于它本来乃用于达成生产的一个手段,目的是不变的,但人类使用的道具依其用途不同予以严密分类的话,是非常困难的。例如亚马逊流域的原住民,弓的用途原是为获得食料的一种狩猎用具,可是同时也用于战争时的武器,甚或用于宗教上一项重要仪式的象征物。又如容器等的器物,它原是调理器具,但有时也作为运搬具与贮藏具等。因此,若加以特定的分类是没有意义的。

在人类生活中,对于衣食住的必需品,诸如宗教与生产等用具,在文化人类学中,以这些器物为研究对象称为物质文化(material cultures)。研究物质文化,大致可以分为两种方法:(1)以"器物"为中心对生活上的研究;(2)"器物"之科学技术的造型术之研究。

3. 生活

以生活为基本的要素,乃为生存必需的手段与生存方法的价值观,而此两要素,它在脉络中到底如何能获致统合,是为其研究的焦点。假设同一的用具,如果由于民族的不同,对其使用的方法也不一样的话,即此用具在它的生活中,其意义自然是不一样了。同时,由于用具的目的不同,而它对于使用者的价值观也有很大的差异。

在文明社会中,对于道具所要求的便利性、效率性以及省力性等,是现代经济典型的价值规准。可是在原

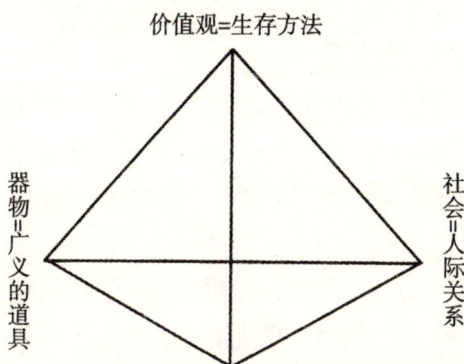

价值观=生存方法

器物=广义的道具   社会=人际关系

始社会中,他们的观念并不如此。例如 Milinowski,B.K.在他的一本游记《西太平洋的远洋航海者》一书中,则谓陀罗普利安岛民的生活,他们对于农耕的作业,毋宁说他们喜爱耕作的工作过程,或者把作物修整得漂漂亮亮,远较收成更为重视。

又如南美宁底巴族，他们的日常生活非常简陋，没有衣着，吃也没有定时，拥有的用具，只有一把山刀和一个土锅。巴西人认为他们懒惰而又不诚实，可是他们认为今日的生存目的全是为了来生，现世的生活即使受一点饥饿也不在乎，它只是过渡而已。同时他们对于工作的观念，认为一天工资，吃掉就没，又何必去工作呢？因此，文明社会的物质文化，不论多么漂亮，他们认为来生也用不着。上述的事例，当可看到原始社会能够适应现在生活就感到是幸福，文明社会的丰富生活，对他们是没有什么意义的。前页图示人类在社会中使用不同的道具和生存之间的各种关系。

4. 技术体系

这里所谓技术（technology）一词，是为了要达到某一目的，而又需依循自然的法则（科学），借以达成某项目的的方法。换言之，它是限于合理的、客观的一种方法。

技术的过程，最先要从环境的观察开始，继之发现它的因果关系，同时须把法则一般化成为一件东西，并使之成为具体的"物"加以应用。例如除澳洲而外，所有其他地区，几乎都知道使用弓箭。由于发现了这件东西的弹性，而后再利用竹枝作箭以为射杀猎物。

其后，又知利用物体的弹性，更制出了发出音乐音响的口琴。继之应用此一原理作弦，由于弦的长短调变，奏出具有许多音阶的弦乐。

东非一般游牧民的房子,外表像一个大蜂窝,但很富机动性,随时可以拆散放在驴子身上运走。Rendille,东非。

技术是指科学的应用,造型术则属手工的表现领域。图为非洲几内亚比索人的造型美术作品——铁杖。

上述"弹性"的发现,以及"火"的使用,都是人类对"能"(energy)的发现之一。另一个发现,就是自然的属性,诸如"坚硬"和"易碎"的各种物质的性质。于是把自然物利用其属性作各种加工,使人类双手机能扩大,遂产生了所谓"技术"。

5. 造型术

技术与造型术(plastic technique)的分野,前者是指科学的应用,后者系属于手工(art)表现的领域。

人类所作的生活用具,得以作为技术上的说明者为数不多,毋宁说是制作者的意图——诸如形态、色彩以及质感(textures)等的一种表现。具有单一目的的工作用具,它的整体形态,常是受到作业机能上的限制。例如陶器、编织、木制品等,它的造型形式和材质(materials)就是常常受到制作者的文化背景所限制。

上述的一种限制,或"手工"的观念,是和技术完全相反的一种精神活动,它所表示的,只是对应人类文化知觉的研究领域。如果说造型术是"知的一种学习",毋宁说它是"体验的学习"当较为妥帖。最终,如果不是个人体验的习得,就无法把它积蓄起来,这是最大的一种特征。例如模样(patterns)、绘画、雕刻、音乐和烹饪,都是此一领域的代表。

按此,综观"技术"与"造型术",由于在用具的统合中,遂形成一个全体的要因。可是对于有关此二者要因的研究,它在历史中,各自有其不同的方法论。于是,今后,我们对物质文化的研究,对于有关"物"的制作行为,就不能不开拓一个崭新的"技术与造型综合的方法论"来加以探讨了。

9. 法律与人类学

1. 法与惯习

法与惯习都是社会规范的一种形态,按照它的机能来观察,就是社会统治手段所产生的一种规定。

以研究近代国家法的法学,一般均视法律与国家权力两者关系是不可分的。换言之,法律是由国家权力的强制力,包括了社会规范以及解决纷争的基准。正如 Jhering R.von 所下的诠释:"法是由国家权力所实现规范的一个总体"。

这里所谓的惯习,是指某种社会内部历史的发生,并在社会生活上反复的行为样式。反之,即带有违法意识行为时,则称为惯习法。依照日本的民法,有些学者认为惯习法和习惯的区别,颇为暧昧不清。

上述是站在法学上对法与惯习的想法。至于在人类学中,一向所研究的对象都是属于无文字的社会,由于它是没有成文法的社会,故此没有什么"法"可谈。因是,我们对没有成文法社会,视法与惯习或咒术、宗教与禁忌等,通常是没有很大区别的。

在原始社会(自然民族的社会)中,它的社会现象形态、法、惯习、咒术、宗教的禁忌等,大致都是浑然一体,是很难加以区别的。因此,如何在自然民族的族人生活中,从他们的社会规范中,以人类学的分析方法来抽出它的"法的现象",而这一门学问,也许是法律人类学者所研究的课题和任务了。

下述是人类学者对"法与惯习"的若干学说和问题进行的讨论。

2. 拘束的义务

在早期人类学之中,大都认为所有自然民族对惯习就是法,惯习以外是没有法的。约言之,即在原始社会中,惯习乃至一切行动规范视为同一的东西。例如 Hartland,E.S. 对于原始社会的法的解释:"法即为该部族的总体"。而且,也有学者把惯习和超自然的刑罚——恐怖与心理的惰性等归为一谈。又如 Durkheim,E.所谓经由集团感情而产生了自动遵守等理论。因此,在这些理论中都认为原始社会里,是没有司法的严密意味的。犹如 Hobhouse,L.T.所说的原始社会对纷争的事故是没有处理手续的,族人的秩序,都是由惯习的绝大力量来支持。

Malinowski,B.K.曾对上述初期人类学者所谓"自然民族的惯习乃属自动的服从" 的见解认为对原始社会的现实而言,并不如此,并认为此种理论实属武断而加以抨击。

依照 Malinowski 的看法,认为法的规范,乃伴有一定"具有约束力的义务"(binding obligation)之规范,而与单独的惯习的规范有别。同时, 此一约束的义务——它一方面是权利的要求;另一方面则是对义务的履行, 二者之间实有密切的关系——借以遂行其目的,实属一种"相互主义"(reciprocity),绝非无我的,对集团欠缺忠诚或恐惧超自然的刑罚。约言之,Malinowski所强调的"因义务所形成的拘束",并非具有神秘性格的裁制（sanction），实是因个人的利害与社会的野心而激起的，惯习与禁忌，均非自动的服从。

上述 Malinowski 的法之概念，一如 Pospisil, L.所说的"义务的原理"，由于它对社会惯习乃含有广泛的法的定义，故此视法之人类学的比较研究，是没什么实用性的。可是，"法"在个人独立的生理或心理的方面所扮演的效果，在机能上，无疑地确实带有原动力（dynamic）的作用。

3. 政治组织与法

Malinowski 的"法"理论，他对法赋予广泛的定义，因是，在他的结论中，最终成为凡是有效果的社会统制存在时，同时便有法的存在。Radeliffe-Brown, A.R.对于上述的结论，认为实太笼统，法应该有严格而具较狭窄的定义，因此，他提倡了颇为接近许多法学者立场的法理论。即 Radeliffe-Brown 借用 Pound.R.的一句话，对法下了另一个定义："适用于政治组织而成的社会力量体系所施行的社会统制，谓之法"。他尤其强调，在一定政治组织的社会中，社会的统治乃以物理的罚则（sanction）为法的规准。

Radeliffe-Brown 的理论，对社会罚则可分为：（1）非限定的罚则（diffused sanction）；（2）宗教的罚则（religious sanction）；（3）组织的罚则（organized sanction）。法的罚则——即由权威确立所执行的罚则——乃包含在第三项组织罚则的里面。

由于法的规准过分强调"政治组织的社会"的结果，Radeliffe-Brown 却认为今日若干原始社会中，由罚则支配下的惯习，或者持有法的原始社会，到底为数是不多的。例如菲岛的 Ifugo 族，他们对复杂的损害赔偿制度，或解决纷争介入者的事件，由于欠缺集权政治机构，因是都说不上依法来处理。又如非洲若干部落，对损害赔偿惯习，都是由豹皮酋长来调停，由此可以断定它是一个没有法的社会。

因此有一些学者认为 Radiliffe-Brown 的法理论应该和物理的罚则结合起来讨论。Hoebel, E.A.对这个见解尤为重视，因此他也成为今日这个学说的主要承继人。

例如 Hoebel 一向认为在没有政治组织的社会中仍有法的存在，但它必须具备有公的权威（official arthority）和有权的实力（privileged force）两要素。

4. 法的四属性

根据 Hoebel 最近的著作，他指出司法人类学（juridical-anthropology）对于法的概念规定仍然是非常暧昧。原因是对于法的一般属性诠释并不明晰。

依照 Hoebel 的诠释，法最先应该是具有司法权威的裁判（decision）形式，同时它也必须具备：（1）权威（arthority）；（2）普遍的适用意图（intention of universal application）；（3）两当事者间的权利义务关系（obligation）；（4）罚则（sanction）等四种属性。换言之,Hoebel 之所谓法,它不仅是社会现象之一特性,而是对于一定的时间,同时也存在着上述的四属性,而构成为法的形态。

依据 Hoebel 的理论,初期的人类学者均误认原始社会是没有法的,而只有惯习;而且那些惯习,无非又是族人大家都遵从头目的忠告和裁判而已。甚至有些学者更误认人类的集团,不论它是"形式的"(formal)"非形式的"(informal)(非传统的——译者按),都是由酋长的裁断形式而产生了法。依照此一酋长(领导者)或权威者裁判的有无,因之产生了"法"与"惯习"规准上的区别。从民族志学(ethnology)上来看,例如爱斯基摩的非形式的领导者(酋长),就是这里所谓的权威者。

其二,所谓普遍适用意图的属性,即权威者的裁判,并非政治的裁判,而是法的裁判,因此,它必须有一规准。

其三,两方当事者的权利义务关系,即在一个纷争事件中,权威者为解决此一事件所作的判决,它的内容乃意味着已包纳当事者的权利与当事者的义务。如果裁判没有顾及这两样规定,那就不能成为法了。

其四,罚则的属性,一向是司法理论中最被重视的一项属性。而且它须要具有法的罚则与物理的罚则(绝对的强制力)等两者的性格。可是,Hlebel 所论述的罚则,他对"罚则的效果",较之"罚则的形态"更为详尽。详言之,他认为罚则,应视其是否真正有效地能够发生社会统治的效果。这种效果乃属于一种"心理的罚则",

譬如嘲笑、断绝恩惠等等,这些都是比物理的罚则更具强力的一种规制。

Hoebel 的此一有关法的概念,实可视为人类学者最早把法理论作统合的发展。同时,他所倡导的法概念,不仅适用于人类学,对一般文化(社会)的研究,也有莫大的帮助。

5. 法的前提

人类学者对于法的研究,最大的学术贡献,就是对于法规范,以及所谓法的社会现象及其文化背景等的各种关系的深入探讨。Hoebel 对于法的背景最为重视。他尤其强调研究的焦点,应集中在当该社会所具有基本文化的(社会的)前提(fundamental cultural social postulates)及其支配的价值观(dominant values)。

根据 Hoebel 的学说,在此一文化前提之中,尤其当该社会的法体系在发生奠定作用的前提时,称之为"法的前提"(juralpostulates)。在人类学的比较法学的第一课题,就是对各样各色司法体系中各种不同"法的前提"的探究,借以判断在该社会的法制度中,它的法的前提到底是怎样实现的。

尤其,一个社会所具各种文化的前提,它的全体构成成员对于此一文化前提是需要有彻底的了解,同时这些前提,相互之间也必需有一贯性。从而法的争议,乃依这些前提的解释而决定纷争上的胜败。

而且,文化不完全是静态的,它有时也会因时间的

人类埋葬他的同类,是为了怕他再回来,他把粮食物品随尸入土,也是为了怕鬼魂回来责备他。故此人类产生了葬礼。Naba族是没有墓地的,只要找到哪里有松的泥土就把死者埋在那里,盖土后,上置陶器为志。

迁移而变化。因是,一个社会,或者是文化的法的前提,当它在处理纷争的过程中,到底会出现什么情况?关于此等问题,都是法学者和研究文化变化的学者们,最饶有兴趣的课题。

　　Llewellyn,K.以及 Hoebel,曾经对原始社会的研究发表了一篇《纷争事例研究法》(Trouble Case Method),他俩的理论确立以来,可说是人类学对法研究的最详尽而又最有力的方法论了。

参考文献

· Redcliffe–Brown, A.R.1933：P.202, 1952：P.212, 中村孚美译：《未开法》, P.171,（千叶编,《法人类学入门》所收 1974）。

· 千叶正士《现代·法人类学》, 北望社, 1969。

· 千叶正士编《法人类学入门》, 弘文堂, 1974.

· 川岛武宜编《历史·文化と法 1》,《法社会学讲座 9》, 岩波书店, 1973。

· Hoebel, E.A., The Law of Primitive Man, Harvard University Press, 1954.

· Malinowski, B.K., Crime and Custom in Savage Society Rontledge & Kegan Paul, 1926.（青山道夫译《未开社会におけう犯罪と慣習》, 新泉社, 1967。）

· Pospisil, L., Anthropology of Law：A Comparative Theory, Harper & Row, 1971.

· Radcliffe–Brown, A.R., Primitive Law, Encyclopedia of Social Sciences Vol.9 ed.by E.R.Seligmam, Macmillan1933.

· do, preface, to fortes, M. & Evans–Pritchard, E.E., African Political Systems, Oxford University Press, 1940.（大森元吉ほが译《アフリカの传统的政治体系》みすず书房, 1972。）

·do, Structure and Function in Primitive Society, Cohen
& West, 1952. (青柳まちこ译《未开社会における构
造と机能》新泉社, 1975。)

10. 政治与人类学

1. 政治与人类学

"政治"（politics）一词,是日常广为使用的一个名词,但若用于人类学中之时,由于观点的不同,则其内容或含义就会有很大的差别。Radeliffe-Brown 在《非洲政治体系》（一九四〇年版）一书中,对"政治的"一个名称加以适切的定义:"独立的理论来检讨对象, 同时必须把特定的种类的现象加以区划"。即他所假设 "政治"的基准,是否要使用"物理的力量",抑或它本质上就有"强制的权威"存在的可能性。

政治的组织,如果从它的侧面加以观察,所谓"政治"者,它只存在于特定的社会组织之中,例如以"国家"为中心立场者便是。实际上,他所谓的"政治社会",在设有酋长的部族中比较容易认出,可是,有许多原本就没头目来统治的部族,那就不容易察出了。

根据 Radeliffe-Brown 所述, 他认为西方的国家论是传统上的一项建立, 一如 Morgan,L.H.在他的《古代社会》（一八七七年版）一书中所说,以氏族为基础的社会或称为"社会组织"者,它与以领土或财产为基础的"政治组织"或"国家"是有差别的。

至于另一部分学者,对非洲传统的各种社会,把它区别为"有国家的社会"及"无国家的社会"两种,其实他们所用的基准,乃视一个"政治"的存在,是否有使用"物理的力量"或"强制的权威"而定。根据他们之所谓"政府",乃指有集权化的权威与行政机构,完备的司法制度,行政区划的制度等的复合物。

由于上述的两大分类,刺激着以后许多学者对政治问题的研究,同时对原始社会的政治组织,做了更多细致的分类。

对于这一门研究的批评,根据 Schapeta, I.的主张,他认为所谓"政治"或"政府"者,若在传统的原始社会,它的形态必须对外是对立的,并且以自治的形式维持着内部社会秩序的一个集团,他称它为"政治体系社会"(political communicatee)。同时它也是必须具有独立的领土和指挥者(首长或头目);以此一指挥者为中

祖鲁是今日非洲 286 部族中,拥有人口最多的一个黑人王国。祖鲁是"上天"之意,他们自称为"amazulu",意为"天之子"。图为战士在祭典时的豪华装饰。

每年七月间祖鲁族在德班举行 Shembe 先知者的祭祀舞,他们一边跳舞,一边唱着赞美诗,Shembe 的一位圣者, 当可视为王国政治中的一项重要特征。

心的集团中枢,是为政府。

按此一观点,所有社会可能都有"政府"的存在。例如由十以至三十人组成的布须曼(Bushman)家族群,或由数十万人组成的祖鲁(Zulu)族王国,在同一水准现象加以观察,对"政府"一词的含义则颇相同。

自从 Radcliffe-Brown 以后,人类学对"政府"一词的意义,才渐趋一致。

2. 豹皮头目

在人类学中,最能得到一致看法的,就是在许多部族的社会中,即使没有王者或头目(首长)的政治权威者的存在,但其部族的组成,也能维持井然的社会秩序。

奴亚族便是一个最古典的例子。在他们的社会中,并无政治权威者的存在,对于纷争事件的裁判,是由一个"豹皮祭司"或"豹皮头目"来实行解决。这里所谓祭司或头目,只是一个礼仪的专家,他对族人虽然没有强制的权力,但他在族人的眼中,地位却是崇高的,且是一个权威的人物。

而且,他所居住的场所,同时也是族人犯罪者的庇护所,譬如杀人者跑进这所庇护所,被害者则不得进入复仇,因为祭司的神圣居处是不可以流血的。因此祭司很自然地遂成为调停者或和事佬,来解决双方赔偿的事项。祭司调解的成立并无任何的强制力,族人只是依赖仪礼的一种信仰,停止了纷争。

类此上述"豹皮祭司"的功能,Mair,L.评价为"最少的政府",而类似此等"豹皮祭司"的人物,实际上已具备着政治问题上的一个仲裁人的资格。在奴亚族的社会中,由于"仪礼"与"政治"的交流和互动,显示着它维持社会秩序的力量。

3. 政治组织与血缘·地域的纽带关系

Maquet,J.对于政治与政府,怀疑它是否和血缘关系有重复。诸如政治组织与地域的纽带关系问题,他曾经做了很多的探讨。

因此，Morgan 认为："在政治各种观念的历史中，认为具备政治机能体系唯一可能的基础就是血缘"，尤其是古时蒙昧民族社会的政治组织，血缘纽带乃最为重要。至于政治组织与地域的影响，该是以后的时代，而且是属于"革命的"事件。

关于这一项的问题，Lowie，R.H.认为血缘的纽带与地域的纽带，并无时间上先后发生之分。不论一个单纯的社会，或为一个复杂的社会，两者都是同时存在，而且是相互交织的。

例如奴亚族的社会，他们的政治组织，几乎是属于直接的亲族或血缘关系的形态。一般原始社会的法律和政治的制度，虽然建立在父系制的氏族（clan）原则上，可是这个原则，往往又是依照母方血缘与其他氏族诸关系而决定的。

关于地域的纽带，则以王国和首长国的领土为典型形态，但它并无"国境"等明确的境界线。它不过最初从一个地域，最先渐次发展为"村落"的社会单位，同时内容是多样的。要之，一个地域的结合，最重要的原理就是政治的组织。然而这些组织，有些是无首长而依赖自律的组织及王国的组织等两类而成立的。

上述两类，前者是与"人龄阶梯制"相结合构成内部的组织，此之所谓年龄阶梯制，它必须有血缘，或亲族关系相融合的组织，奴亚族的村落就是这种形态。

后者的政治组织，最饶有兴趣者，就是村落阶段的住民,渐次与邻村结合,并具一定的自律性,设立若干小首长(小头目),形成一个国家下位组织的一个村落单元。

4. 政府与国家

在人类学家的观念中,认为一般社会都有政府,而且政府与国家都有区别。例如 Morgan 认为"政府"是人类社会的共通制度,而"国家"是由于氏族消长而产生出来的。

在人类学中,对于国家一词,在观念上大都称之为"王国"相似的念头,而且是具有若干特征。例如它是一个住民全体的领域,而由一位卓越的政治权威者(王)所支配着。其次是具有王制。王座正统性的神话与象征物。再其次是王的权威由中央、地方官员(首长等)与行政组织。此外尚有王族,即贵族与平民等的阶层分化。所谓政府的特征,对于背叛王命的人就要受到惩罚(组织强制力),征收租税(经济资源的支配),以裁判维持社会秩序(法律的整备),遂行战争(对外的独立与统一)等等机能。在学术上,虽然厘定了上述若干特征的要素,可是对于具有国家的社会与没有国家的社会之间,要划出一个明确界线,仍然是很困难的。

事实上,例如在非洲的许多王国,其中也有"专制"的与"非专制"的之分。有一些王国,他们的首长可以自由配置和转换,或有因王的权力被削弱时,一旦由其下属的首长取了王位,他的子孙甚至也可以承继其权力。

一幅历史性的图画，描写 1842 年祖鲁酋长 Mpande 登位的情形。在他统治祖鲁王国的时代，也是祖鲁最强盛的时期。此图采自 "Kafirs" 书中的一幅插图。

此外还有一些非洲王国，虽然设立有王位，但在缺席上对于权力的使用，却有许多限制。

在非洲的许多王国制度中，都设有由长老组成的评议会，此一组织的机能不仅可以抑制王权或批判王的行为,甚至对王可以有反对的决议,罢免他的王位。

有些评议会的抑制机构却设在王国的上部,喜马拉雅山地的卡秦族就是一个例子,这个部族既往由于王权的滥用,曾经一度引起住民的叛变而成为平等主义的社会。

但也有一些王国,由于住民对于王的"仪礼能力"抱有极端的崇拜,久而久之遂与超自然力(super nature)相结合时,而王则成为"神"王。

综观上述,我们对于血缘、亲族关系等对王国的构造已有明确的了解。即在人类学中,对于王国的构成,领土固然是必具的条件,另一方面,血缘的一项,也是构成政治组织定义上的要素之一。最终遂成为由血缘关系所产生的特有的道德规范,用来抑制政治关系的一种形态。

参考文献:

· Maine, H.S.Ancient Law, 1861.
· Morgan, L.H., Ancient Society, 1877.
· Fortes, M. & Evans–Pritchard, E.E.(ed.), African Political Systems, 1940.
· Schapera, I., Government and Politics in Tribal Societies, 1965.
· Mair, L., Primitive Government, 1962.

11. 所有与分配

1. 所有概念

"所有"一词,在一般概念中,是指对一件事物的全面利用与支配。在我们的社会中,个人的所有权——即私有财产制的确立,已成为今日社会制度的中核。

但是,为了确立此一事物的所有权,它势必要有一项根本的前提,亦即事物的对象,对于所有者的价值问题,而此价值的背景,却是所有者的社会。故此,所有的价值,是建立在社会所肯定的价值上。

因是,事物所有权的确立,它是与所属社会的价值体系,或社会的规范有密切的关联。如果各种各样社会的规范不同,价值体系不同的话,而所有权的认可、含义以及形态等等,自亦随之有异。

即使在我们今日的社会中,所有权的确立,它也是经过漫长的历史过程和变迁,而后才达成今日的自由形态的。详言之,古代的社会,封建制度的社会以迄近世的社会,在这些不同时代社会制度中,所有权的形态,当然是迥异的。而自由的所有权的确立,自然是资本主义经济的关系,而且是在近世才确立的。然而此之所谓所有权,在现代社会中,事实上,并非完全的自由,在某一程度上,它必须依照社会需求的目的,其内容也得受到某种的限制。

同时,由于资本主义经济也有不少社会的诸种矛盾,故对所有权的绝对性,自然也产生了疑问。即在社会主义与共产主义社会中,所谓所有权则应由社会所有,或国家所有。

因此所有权的拥有方法与形态,它是和社会规范相结合的。如果作更细致的观察,所有权实与其生产样式、社会结构、政治构造以及世界观或宗教观等各种要素相连。

例如住在南非的布须曼族与分布在亚洲西部干燥地带的游牧民,由于他们生活方式的不同,以及价值体系、社会规范的不同,因此上述两者对他们的"所有"内容与意义,自然是不相同的。同时,即使是农耕社会,烧畑农民和水田稻作农民之间,由于生产方式的不同,而对于土地价值的体系也是迥异,从而对于土地所有形态,自然是相异了。

而且,所有权的形态,其所属有个人的、氏族的、团体的以及国家的种种之分,它是和不同社会规范相结合,它是依存于社会,而此社会又因时代的不同而变迁,故此不能一概而论。

2. 分配与互酬性

"分配"是经济活动基本过程——生产、分配、消费三者阶段中之一。分配的方法和范围,依社会的政治及构造等不同,而有各种形态。

所谓分配,在基本上,原是生产的所有与劳力提供相应的一种平均享有的制度。也有一些首长制社会,土地虽然是属于支配者所有,但在土地上的生产物,并非归由支配者一人所得,而是分配给一般族人。这种社会制度,颇能获致均富作用。

土地虽属支配者所有,但土地上的生产物,并非由支配者一人所得,而是分配给一般族人。

　　在上述社会,其防止偏富的分配制度,在人类学中称之曰互酬性(reciprocity)。此一制度的本质,换言之,即"give and take"的原理,Malinowski,B.K.认为此一制度不但是一种分配的经济制度,而且也是劳力的提供,它与结婚制度的一个社会制度根本原理相同。

　　美国经济史家 Polanyi,K.认为此一互酬性原理,是诸种社会中多样经济活动的理论基础,同时此一理论,也是 Dalton,D. 及 Sahlins,M.D.等"经济人类学"

（Economic Anthropology）论点的开端。依照《制度化以后过程中的经济》这篇代表性论文，他们均认为经济的过程，势必产生在一个制度的社会，促使经济过程制度化有三原理：互酬性（reciprocity）；再分配（redistribution）；交换（exchange）。

依照 Polanyi 的定义，所谓互酬性是："在对称的集团之间的相对点间的移动"；再分配是："从某一集中的中心所形成某一占有的移动"；交换是："所有者依据市场制度所发生的可逆的移动"。

上述三项原理，在经济学上认为是形成经济社会最基本的要素。例如"互酬性"是巩固社会集团最有力的背景，"再分配"是集团的向心性，"交换"是市场制度必具的价值决定的机能。

Sahlins 更认为互酬性原理是任何社会最基本的规范，下表为 Polanyi 所倡导三原理，其所对应互酬性的各种不同的类型。

Polanyi	互酬性	再分配	（市场）交换
Sahlins	普遍的互酬性	平衡的互酬性	消极的互酬性

近世的"比较经济学"以及"比较社会学"都是依据上述的理论基础作更深一层的研究和探讨。例如 Firth, R.W. 的"单纯的进化主义"的图式、"原始社会经济"、"农耕经济"、"产业经济"等，其所有的方法、生产、分配、消费等经济活动的统合原理，以及制度化的社会规范的背景的探索，无一不是以 Polanyi 的原理作根

据而后发展的。

3. 布须曼社会的所有与分配

田中二郎曾就南非布须曼狩猎采集民做过调查,认为他们分配相当于"普遍的互酬性"。

Polany 所谓互酬性,类似这种经济活动的社会,即南非的布须曼以及澳洲的狩猎原住民社会,就是典型的例子。在他们的社会中,并没有什么地位与身份的区别,所谓分业社会的成层化,只有性别与年龄来作为社会职责的各种角色规定。因此,可以说是实行平等主义的一种社会。

他们的社会,大致是经过若干年的时日,家族成为社会的单位。而日常的生活,是由若干家族集合而成为群。由群的单位来组成一个社会集团。

依照田中氏的看法,布须曼的社会是由分配与共有的平等主义所支配着。可是对于衣着类、装身具、毒箭以及猎具等,它的所有权却是分明的,同时他们对于借贷和赠与也很在意,不过他们的所有权,应以分配作为它的前提。

在布须曼人的社会中,分配上最重要的意味,当为食物的分配。所获得的食物,如果是小动物或采集植物等,原则上是供猎者及其家族单位消费。如果是获得大动物的话,则供给族群的人们,大家共享。至于分配方法都有一定的规矩,一般猎物的内脏和皮毛归猎者所有,兽肉则分配给集团中所有的族人。

狩猎采集民社会的分配有一定的规矩，一般猎物的内脏和皮毛归猎者所有，兽肉则分配给集团中所有的族人。

　　至于这些狩猎采集民社会的分配，并非没有代价。即得到分配受惠的人，在不久的将来，虽然没有规定同等的猎物或期限，但也得以猎物酬报给对方。上述经济形态的社会规范，称之曰："普遍的互酬性"。

　　布须曼的共同生产与消费的社会，也是说明了原始共产主义制度的理论。若就一个社会的所有权制度论点来观察，不论其为公有制抑或为私有制，但在布须曼的社会，其所谓普遍的互酬性理论中，如果对大动物的分配，猎手仍有优先权。至于猎具因个人劳动对生产物的所有权等，即在公有制度的社会，对个人的劳动，仍有其评价的价值体系。

4. 再分配与社会形态

在布须曼的社会中,我们试观察它典型的普遍的互酬性原理,即在互酬社会的规范中,在习惯上,受惠的一方,必须尽快或在一定的期间内,以同等价值的猎物来酬答对方。Sahlins 谓之平衡性的互酬性原理。

关于此一原理,亦见于米拉尼西亚(Melanesia)的社会。在南太平洋诸岛中,不同言语和不同文化的部族间,他们所实行的所谓 Kura 交易,在习惯上虽然要举行咒术仪礼或公式化的仪式,在宗教上的意义虽很重,但在经济上,却具平衡的互酬性的统合原理。

上述由互异部族间所成立的 Kura 交易,最令人瞩目的就是参加交易的男性人数,依社会的不同,自然牵涉到参加规范的问题,甚至社会内部的结构问题。而此内部的结构,它的价值体系,当然是由所有权与分配理论所支配着。

按此一观点,它也是意味着 Polanyi 所主张的再分配原理。在一般部族社会中,都比狩猎采集民社会有更高度的社会成层化,生产物与劳动都有集中的组织。Polanyi 认为,如果一个集团或社会中,在结构实须某一程度的"中心性"时,它的经济统合原理,就能产生再分配的作用。

参考文献：

·青山道夫编《アワリカの土地惯习法の构造》,アジア
　经济研究所,1963。
·石川荣吉ほが《人类学概说》,日本评论新社,1985。
·中根千枝ほが编《人间の社会[Ⅱ]——现代文化人类
　学4》,中山书店,1960。
·杉浦健一,《人类学》,同文馆,1952。
·杉浦健一,《原始经济の研究》,彰考书院,1948。
·田中二郎,《ブッシコマソ》,思索社,1961。
·增田义郎,《传统的社会の构成とその近代的变容》,
　玉野井芳郎编,《文明としての经济》所收,潮出版
　社,1973。
·サーリソズ,M.D.(青木保识),《部族民》, 鹿岛出版
　会,1972。
·ボラソニー,K.(吉沢英成ほが识),《大转换——市
　场社会の形成と崩坏》,东洋经济新社,1975。
　·ボラソニー,K.(玉野井芳郎ほが识),《经济の文
　明史》,日本经济新闻社,1975。
·ボラソニー,K.(端信行ほが识),《经济と文明》,サ
　イマル出版会,1975。
·マリノワスキー,B.K.（增田义郎ほが）《西洋太平洋
　の远洋航海者》,泉靖一编《世界の名著》,第五十
　九卷所收,中央公论社,1967。

· Banton.M.（ed.），The Relevance of Models for Social Anthropology. Tavistock Pub., 1965.

· Firth, R.W.（ed.），Themes in Economic Anthropology, Tavistock Pub., 1967.

· Herskovits, M.J., Economic Anthropology, Norton Library, 1940.

· Leclair, E.E.（ed.）Economic Anthropology, Holt, Rinehart & Winston, 1968.

· A Committee of the Royal Anthropological Institution of Great Britain and Ireland.（ed.）Notes and Queries on Anthropology,（6th ed.）Routledge & Kegan Paul, 1951.

12. 赠与论与交换

1. 交换制度

交换一词,在概念上它包括人类极为广泛的活动范围,因此,为它下一个定义是非常困难的。譬如"物物交换"是贸易形态之一;劳动及其报酬也含有交换的意义;有一些所谓"婚资"的婚姻,日本称之为"结纳",是重要社会交换形态的一种,此外还有不少例子,如兄弟姊妹相互交换,所谓"姊妹交换婚",上述种种都可以认为是一种交换形态。

在日常生活中,我们除了个人的交换以外,所谓"交换"者,概念上它包纳多样的社会的行为,而且它是从侧面完成其交换目的。然而这些交换行为,并非漫无原则。它在不同社会相互之间,或在同一集团与社会之中,交换都有一定的原则。

大凡交换原则的成立,是相互以等价的事物为媒介。因是,交换的成立,是相互以个人或集团的价值体系为前提。是在一个社会之内实行交换,其规范则以价值体系为根据。如果在不同社会之间实行交换,其制度往往在价值体系之外;在这特殊情形下,它就必须另加价值规准(或为必需性),借以保障交换上的安全。而且,交换固然是以事物为主体,虽然有时因个人或集团制度意志(酋长、君主等)的不同而稍有变化,但大都仍须依照社会规范作为主要的前提,自不待言。按照上述的意义,则所有交换,其社会背景,当是制度上最重要的一项因素了。

在交换中,也有一些是相互以非等价事物为媒介,只以等价的必需物而成立交换的,例如物物交换,就是一个典型的例子。

相互以必需物品交换所成立的"物物交换",大都基于社会规范的价值体系和规则(rule)来实行。这种原始社会的交易形态今日犹见于世界各地,自然地,此等不同社会的相互交换,最重要的当是以安全性作为前提。

此外,还有复数媒介物的相互交换,其营运的制度,自然也比前者复杂得多。例如商业集团和商业民都是具有此等复杂交换的机能。类似这样复杂交换的制度中,媒介物或有以象征的价值物体来代替。例如盐、布料、嗜好品、装饰物等,在交易上都可作为某程度价值的媒介物来使用。譬如 Melanesia 族人在交易上常常以首饰或手环当作象征价值的媒介物。虽然这些首饰在严密的意味上它并非货币(通货),然而它在原始社会,确实具有媒介物的机能则是不可否认的。

由于具有复杂制度的交换,因此产生了市场。在各地域中,不论任何形态的市场,它都是先由社会承认而后存在的。此等市场地位的前提,当是以社会规范为背景的价值体系,而且又是由一个集中的价值意识所支配着。

至于在我们今日具有高度复杂化流通机制的文明社会中,市场价格乃基于需要和供给关系而决定市场价格。然而在单纯的原始社会中,市场价格则是由社会制度的意志来决定。例如十八世纪在达荷美的社会中,市场的商品价格,就是由酋长来决定。不只在非洲,即在东南亚许多少数民族的部落中,同样的例子也很多。依照此一意义,则原始社会的市场,亦可视之为部族的首长所管辖的一个神圣场所,它同时具备着决定市场价格的机能,也具备着交换集中化的制度。

Polanyi,K.按上述的制度,再加入互酬性、再分配两要素而成另一经济原理市场交换形式。在含义上它与前者 Delton,G.所述不同。

兹将 Delton 的市场制度与 Polanyi 的三原理市场制度比较如下表:

Polanyi	互酬性	再分配	交换
Delton	无市场	末端市场	市场

按上列所述,对交换一词的概念,当与互酬性及再分配等的概念相同,同时也可以了解此一制度,与社会规范有重要关联。

2. 赠与论

基于互酬性的行为以及再分配,此等广泛的交换制度,它必与交易或货币的要素相结合。由此要素的结合而构成市场。此类市场制度,有时也许没有价格决定机能的存在, 但不能不承认它是一种交易与货币的存在。这里所谓交易与货币,在某些原始社会中,并不似文明社会所持的概念,此在民族志的记录与历史记录中,既往都有不少例子可资参考。

根据 Mauss, M. 的记载,略谓北美西北海岸 Haida 族,在他们的社会中,有仪礼赠答竞争的风习,即部族中的有力者(类似贵族层),经常设宴夸示自己的威力,向部族中某方对手挑战。而对手接受挑战是一种义务,赴宴以后,继之就必须以同等或以上的飨宴回敬挑战者。由于相互赠答的竞争,最终使一方破产,破产者便接受"赠与"的一个虚荣的名誉。但他们深信接受此一荣誉以后,家族所拥有贵重物品饰物、毛布、护符等,都会产生更有威力的咒力。

按上述的一段事例,在自然民族社会中,对某些事物的赠与以及交换,并不单指买卖是一种经济的效用与价值,有时也借交换与赠与的手段,作为获得神圣的荣誉或权力。Mauss 称之为"荣誉的货币"。

在原始社会中,由于吝惜常会被族人轻蔑,为了取得社会的名声或盛誉,故此产生了上述赠答竞争的惯习。不只是 Haida 族,北美西北部的印第安、波利尼西亚及 Melanesia 诸岛都有相似的惯习。根据 Malinowski, B. K. 的田野报告,甚至 kura 交易,也可以视之为仪礼赠答惯习的一种形态。

3. 婚姻与婚资的形态

所谓婚姻,也可以包括在广泛交换概念之中。统略而言,婚姻一词,并不限于一对一男女结合的意义,毋宁是指男女所属家族以及亲族集团的一种社会的结合,或负有社会再生的动态的(dynamic)机能。因是,在婚姻的同意中,不是只指当事者男女双方,它同时也是必须满足所属集团的需求。

基于此一婚姻成立的条件,在世界的诸种社会中,最普遍而常见者,就是所谓婚资(bride-wealth)的赠与。一般社会多为嫁入婚姻,婚资是由婿方开支给嫁方,此一惯习,日本称为结纳。反之,由嫁方开支给婿方,称为妆奁(dowry)。它开支的内容,依各种社会不同而异。

根据 Westermarck,E.A.的报告,婚资尚有大婚资及婚资劳动(bride-service)两种。狩猎采集民,多为道具或装身具,如为农耕民的社会,婚资则多为家畜、酒、食物及装身具等,同时还有婚资劳动的支付。

同样地在非洲,饲养家畜的东非农民,他们的婚资乃以牛、羊为主,他们饲养家畜并非利用它农耕,而视牛为拥有财富的手段。而此等家畜之能利用于社会者,也只用于婚资而已。在西非的若干原始社会中,它的婚资劳动的形态,是夫家的姊妹给妻家的兄弟,是谓姊妹交换婚(sister exchange marriage)。

在上述的婚姻形态中,在社会中会成为"互酬"的观念。此一婚姻成立的条件,双方常有婚资的谈判。既往婚资曾用 "bride-price" 一字,其后 Dalton 认为婚姻并非基于价格来谈判,因此以 wealth 一词来代替 price。可是,在某些社会中,确有以商品经济的意义的婚姻,所谓购买婚(purchase marriage)者,但 Gray,R.F.认为除非用货币来交易,否则若以牛羊为婚资者,则不得视之为购买婚。

　　然而,在今日的各种社会中,婚资有以实物来开支,也有以货币开支的种种变化,已显示婚姻在社会交换中的复杂性。

参考文献:

·石川栄吉ほか,《人类学概说》,日本评论新社,1958。
·中根千枝ほか编,《人间の社会[Ⅱ]——现代文化人类
　　学 4》,中山书店,1960。
·栗本慎一郎,《经济人类学の意义と货币论の再构
　　成》,天理大学学报,第 87 辑。
·杉浦健一,《人类学》,同文馆,1952。
·杉浦健一,《原始经济の研究》,彰考书院,1948。
·增田义郎,《伝统的社会の构成とその近代的学容》,
　　玉野井芳郎编《文明としての经济》所收,潮出版
　　社,1973。
·サーリソズ,M.D.(青木保订),《部族民》,鹿岛出版
　　会,1972。
·ボラソニー,K.（吉沢英成ほか订）,《大转换—市场
　　社会の形成と崩坏》,东洋经济新社,1975。
·ボラソニー,K.（玉野井芳郎ほか订）,《经济と文明
　　史》,日本经济新闻社,1975。
·ボラソニー,K.(端信行ほか订),《经济と文明史》サ
　　イマル出版会,1975。
·マリノフスキー,B.K.（增田义郎ほか订《西太平洋の

远洋航海者》,泉靖一编《世界の名著》,第 59 卷所收,中央公论社,1967。

·モニス,M.（有地亨ほか训）《社会学と人类学 I 》,弘文堂,1973。

·Banton.M.（ed.）,The Relevance of Models for Social Anthropology,Tavistock Pub.,1965.

·Dalton,G.,Economic Anthgropology and Development, Basic Books,1971.

·Firth,R.W.（ed）,Themes in Economic Anthropology, Tavistock Pub.,1967.

·Fortes,M.（ed.）,Marriage in Tribal Societies, Cambridge University Press,1962.

·Herskovits,M.J.,Economic Anthropology.North Library, 1940.

·Leclair,E.E.（ed）,Economic Anthropology,Holt, Rinehart & Winston,1968.

·A Committee of the Royal Anthropological Institution of Great Britain and Ireland.（ed.）,Notes and Queries on Anthropolgy （6th ed.）Routledge & Kegan Paul,1951.

巴布亚·新几内亚的舟饰——舟饰价值不在于实用,而在于手艺的象征,具有
艺术性独木舟木工雕刻与装饰,是巴布亚传统的文化遗产,也是神灵栖息的处
所。(May,1962)

13. 婚姻制度

1. 婚姻制度的分析

正如读者所周知,人类更新其世代,绝非由于乱交。为维持"种"的生命以及社会的存续,人类的性行为是必依循一个秩序的规则, 以及创造养育儿女的家庭环境。人类有婚姻和家族, 一方面依循自然存在来维持"种";另一方面则将文化的创意,以世代相传。

然而,只以性关系规制来确立一个家庭单位,是不足以维系一个社会的存续的。即社会的地位,诸如财产权的承继或日常的权利义务等等, 这些诸种规制的体系,都是需要同时确立的。而且,社会与社会之间的竞争或冲突,规制的方法也是必需同时加以考虑的。因此诸条件的差异,都是依照社会结构与婚姻、家族的性格,以及家庭的架构而决定的。我们有时对于一个自然民族的奇特婚姻制度和家族形态会感到非常怪异,可是,若就它的诸种条件复合体的一部分来观察,就能发现它的原因和合理性。

反之,我们对于原始社会的婚姻制度所感到的"不合理性",有时在我们文明社会中,也可以发现同样的不合理性。例如现代的许多先进国,配偶者对于"性的独占"非常强调与重视。配偶者对于性行为的不能满足,或者不忠贞,都是离婚最大的理由。与此有关的,即在先进诸国中,所谓"嫡出"与"庶出"的概念,在文化上颇有明确的区别。

"所谓婚姻,他们所生的子女,乃认是两当事者嫡出的子孙之男女间的结合",是为有力的婚姻定义。可是,这种子女的嫡出性,他们在出生前,父母必先要获得合法的婚姻。但也有某些原始社会,以妊娠为结婚的前提条件,女方必先为男方生下若干子女,而后才认为男女婚姻的完成。例如日本西南诸岛的奄美与冲绳,女方必须生育第一个子女以后,才举行正式的婚礼。又如东非的父系社会,如果生下的孩子,一旦不能成为夫方家族的一个成员,则女方的父亲,便可以为孩子命名,而且对小孩有监督与保护之权。类似上述的诸种婚姻,它所能成立的男女合法性,乃与交际、婚礼、性生活、同居、生育以及婚姻聘金等,即依照社会所规定的顺序,通过每一项的连续过程,来理解婚姻的各种制度。

西印度诸岛中的渣米卡族,许多男女,只要双方合意,不必经由婚礼便可以同居。由于生下来的女子,他们与社会及经济完全断绝。结果,遂形成了所谓"母亲中心家族"(matrifocal family)。据统计,类似此等"未婚"的母亲,几乎占有母亲人数百分之七十。在这种情况下,生下来的子女,是否可以称为"两当事者的嫡出子孙",确实成为一个疑问。

一般而言,由于性交的事实,对于女方与产儿的权利,完全归属于男方的条件是不足以成定论的。在人类学上极端的有名事例,就是在南部苏丹的奴亚族的亡灵结婚(ghost marriage)的例子了。大凡奴亚族的婚姻,夫方必须以家畜付给妻方,如果丈夫去世,夫方的家畜则由其弟代偿,其兄所生子女,同时也过继给他的弟弟。按此情形,女的配偶者,不论是亡兄抑或他的弟弟,他们对于婚姻的定义中之所谓"嫡出性",确实是一个微妙的问题。

婚姻的形态,大致可以分作两大类型。以基本型的单婚以及一夫一妻制(monogamy)与复婚(polygam),后者又可分为一夫多妻制(polygamy)与一妻多夫制(polyandry)。此一用语的实际含义,婚姻的安定性与同居者构成的诸条件,乃依社会的不同而异。例如以终生为伴侣,而禁止离婚的一夫一妻制,以及频繁变换的配偶者,它与 Morgan, L.H.所称近乎一夫一妻制的对偶婚,明显地可以看到制度是非常差异的。

从同居者构成的一夫多妻制的角度来看,可以分为下列三种形态:

(1)在同一的屋顶下同居;

(2)在非洲,妻子们各自和她的子女,分住在个别的园地家屋(compound);

(3)妻子们分住在其他的村落。

许多部族因为经常斗争,男子数量激减,除了一些儿女被杀外,部族中男女比率大致都颇为均衡。男子初婚年龄平均三十岁,女子平均年龄为十四岁。结果,许多部族,都存在一夫多妻的社会制度。妻子们相互间的相对地位,也具有重要的变数。即第一任妻子和第二任妻子之间,在社会上都显示明确的差别。譬如传统的中国社会,有些学者认为它不仅不能称为一夫多妻制,实则为"一夫一妻制"再加"蓄妻制",像这样的看法,未尝不是另一个合理的见解。

一夫多妻制与其他婚姻形态迥异的另一个重要特征,便是"生物学上之父"(geniter)的认知,是颇为困难的。根据既往有关一妻多夫制的报告事例中,在南美印第安某些部族的社会中,兄弟共有的一个妻子,生下来的女子,只有认长兄为其亲父。又如南印度的特打族,兄弟共有一妻,若干年轮一次"献弓祭"的仪式时,产下来的儿子就认为谁受弓者谁就是他的父亲。

在许多一妻多夫制的报告中,实际上,复数的男子对于一人的妻子,并非具有同等的权利和义务。结婚原是由一男一女来结合,而在结合后,丈夫可以允许妻子和其他男人有性的接近而已。例如东非有些部族由于讨一个妻子要付出相当高额的聘礼,因此有兄弟联合起来投资,共同讨一个妻子,共同投资者的兄弟当可与新娘同衾,乃自不待言。在此一关系中,妊娠所得的儿子,则认长兄为父。此等的事例,最近若干学者认为它不可以称为一妻多夫制,而倡导以另一个 "复数性关系"(polykoity)的名词作为区别。

2. 依居住规制的婚姻形态

在人类学中,也有以新婚夫妻依居住制,作为婚姻形态的分类。基本的分类有下列四种:

(1)夫方居住(patrilocal residence);

(2)妻方居住(matrilocal residence);

(3)婆家居住(avunculocal rdsidence)(丈夫的母亲家或舅家);

（4）新规居住（neolocal）（远离夫妻近亲的居住）。

此等居住的规制,它是与地域社会的人口形成的集团有重大关联,如果把它和地域社会的后嗣（descent）观念形态一起来探讨,则比较容易了解。居住规制的婚姻,在原始社会中是一件很重要的事。居住地方的方式不同,对家族制度及亲族组织都有相当的影响,但最重要的还是世系的计算。

行母系制的常行"妻方居住",即夫住在妻家,只有少数行"夫方居住",即妻住在夫家。行父系制的必是夫方居住,没有行妻方居住的。此外,有一种舅居制（avunculocal residence）,即男孩子生下来在父家,当他成年时搬到舅父家居住,在那里结婚生子,度过他的一生。又有双居制（bilocal）,是指两夫妇可以选择从父居或从母居。再有新居制（neolocal）,是新婚夫妇离开双方家庭而另营居处。还有一种称原居制（doulocal）,是指新婚夫妇并不住在一起,而是各自在他们的原有家族居住。

北美西南部印第安的赫必族（Hopi）与 Zuni 族都行妻方居住制,其世系是依母方的,家屋是家中女人的财产,即属于祖母、母亲以及已出嫁的女儿等,丈夫不过是一个合法的寄宿者。家中的"户长"不是丈夫而是妻子的兄弟。丈夫的首领地位不在妻的家,而在姊妹的家,在这里方有他个人的所有物。有一个要点应当注意的,就是在这种世系及居住都依女方的家族中,家族的首领还不是妻而是妻的兄弟。儿童们成年后在舅父家生长，而不在父亲手下生长。

3. 内婚与外婚

在人类的社会中，求偶是有限制和一定范围的。这种限制和范围，每一个民族都有其制度，它是婚姻制度中最重要的一环。Melennan, F.对规定择偶只限于团体之内者，称其为内婚制（endogamy）；对个人的配偶须向团体外寻觅的，称为外婚制（exogamy）。此之所谓团体，

婚姻是规范两性间的关系，因此构成了伦理与风习。婚姻基本形态的出现，并不限于人类，亦见于其他动物，一些鸟兽以永不离弃的一夫一妻来生育后代。在人类各部族中，没有婚姻制度的社会，虽是少见，但非洲西南部 Lubus 族里，择偶仍属自由而且乱交。婚姻观念在人类文化中，它是不断地在改变，而且也是最难定型的一种规范。图为马来西亚 Mah-Meri 族举行隆重婚礼。

乃指家族、氏族等血缘团体,或指部落阶级等非血缘团体。

内婚制最重要的是阶级的内婚制（endogamy of class）。在封建社会中,为了保持阶级的安定,多采内婚制,禁止上下阶级互相通婚,印度的种姓（Caste）即其一例。马达加斯加的 Hovas 人原是由马来群岛移去的,自居为贵族,行严格的内婚制。波利尼西亚不论贵族与平民,也各行内婚制。

种族的内婚制也很常见,印度孟加拉的 Oraaon 以及阿散姆（Assam）的 Padam 族,他们严禁和外族结婚。

外婚制行于血缘团体最为普遍。族人违反这种禁例的称乱伦（incest）,将会被处重刑或死刑。在狭窄的家族范围内,性的关系普遍地被禁。

上述是范围最狭窄的血缘团体,至于较大的血缘团体则只有选择其中一部分, 即所谓 “选择的亲属”（selected kin）,加以外婚的约束。大多数民族都分为两个或两个以上比家族更大的团体, 此等团体称氏族（clan or sib）及半部族（moieties）,它常是一面的,即其承继只计父母两人中的一方。外婚制便是这种团体的特征。氏族的行外婚制是很普遍的。

半部族是大于氏族而小于部落的团体,一个部落有分为两个半部落的, 每一个半部族又包含几个氏族,半部族也是行外婚的。例如甲半部族的男应取乙半部族的女为妻,乙半部族的男也娶甲半部族的女人。在同一半部族中的氏族不可通婚,生下的小孩如该半部族是行母系的,便归母方,父系的归父方。

上述行外婚制的"选择的亲属"的团体,其所根据的联结带大都为共同祖先的信仰,实际上,血缘关系已很邈远,只是对于名称的神秘性还被注意。例如北美的印第安易洛魁族(Iroquois)的人同属狼族者,不得自相结婚,即使男女二人各属于很远的部落也不得通融。

4. 婚姻与家族

新婚的夫妻,由于持有亲情的存在,以及出生的儿子是属于嫡出的认知等等,在上述的意味上,结婚实为家族的法的基础。可是,另一方面,也有不经结婚的形式,形成了家族的可能。因此,某些学者对前者称为"法的家族",而对后者则称之为"自然家族"(natural family)。

一般说来,婚姻一词在某些场合,有时并不存在适用于家族的定义。例如 Murdock,G.P.所主张的"核心家族"(nuclear family)学说,谓"家族是共住,经济的协同,以及有生殖特征的社会集团"。

在某些母系制社会中,夫妇并不同居在一起的例子很多。在西印度群岛就有这样的报告。因此婚姻是不可能适合于家族或作家庭上的定义。家族与婚姻,虽然是与人类社会体系世代的连续互有关联,但它对所有社会制度,并非完全可以适用在它的定义上。约言之,婚姻与家族,实际是具有机能的密切相互关系。从而家族构成的诸种形态,与婚姻形态相对应时,基本上有三种类型:

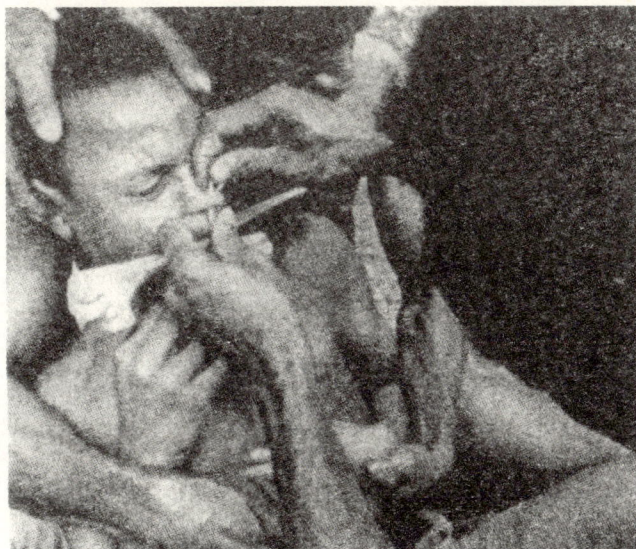

成年仪式普见于世界各地自然民族的社会中，它的主要意义是要使下一代了解对社会所负的责任，同时赋予婚嫁的资格。图示新几内亚以木棒穿鼻，考验他的勇气，也是成年仪式之一种。

（1）核心家族；（2）复婚家族；（3）扩大家族（extended family）。

　　核心家族亦称自然家族，人类普同的生物学上的家庭，包括父母及其子女。复婚家族是包含两个或两个以上的核心家族，透过男系或女系继嗣关系而结合在一起，共同负担社会和经济的义务。扩大家族（合同家族）为核心家族可以改建成各种不同形式的扩大家族。但也有因地方性格而演变成为种种典型。

　　在原始社会的家族，较之文明社会更强调性别与工作的分担。男子普遍负担狩猎、战斗、建筑、采伐、锻冶、烧耕等工作。女子则为采集、育儿、烹饪等工作。这样家族内的分工成为一种规制力。因此在原始社会中,结婚是社会的一种强制,独身的观念几乎是不存在的。成年男女须由结婚始能获得社会和经济的独立性。

参考文献:

·村武精一,《家族の社会人类学》,弘文堂,1973。

·中根千枝,《家族の构造》,东京大学出版会,1970。

·レヴイ二ストロース,C.《家族》,祖父江孝男编,《文化人类学リ丿デイングス》所收,诚信书房,1968。

·ホノマンズ,G.C.,シユナイダ一M.《交叉イトコ婚と系谱》《同上》所收,诚信书房,1968。

·リ一ンハ一ト,G.(增田义郎,长岛信弘译)《社会人类学》第五章,岩波书店,1967。

新几内亚高地的 Kaku-Kaku 族在婚礼前,婚约者由亲友们给他化妆。

14. 亲族关系与
图腾制度

1. 亲族的定义

所谓亲族,乃基于出生或婚姻系谱的纽带,以迄由拟制亲族(fietive kin)关系所结合人与人关系的总称。大凡在未经产业化的社会中,所谓亲族,它对行动的选择、权利、义务的传达,以及社会集团的形成,扮演着极其重要的角色。即使在产业化的社会中,家族与近亲之间,仍不失其重要的意义。

因是,在社会人类学中,亲族一项,实为对人类社会探讨的中心基础。

2. 社会的血缘

基于出生系谱的纽带,通常以血缘关系来表现。但在社会人类学中,对"血缘"(cognatic)一词,实际上并不视之为生物学上的血缘,只认它为社会的一种关系。但在一般情况下,例如日本,一般对生物的血缘与社会的血缘,就没有明显的区别。但也有对此两者使用明确的社会观念,例如在非洲的父亲社会中,如果在婚约中的男子一旦死亡,女方可以与婚约者(死者)的近亲男子发生性关系, 但生下来的儿子仍认为是死者的后代。在此情形,实父与儿子之间并没有丝毫的生物血缘,而死者仅是儿子的社会的父亲,而亲子之间,儿子所承继的,也只是一种法律的权利与义务而已。因是,在社会人类学中,则有生物学的父亲(genitor)、社会学的父亲(pater), 及生物学的母亲 (genitrix)、社会学的母亲(mater)等分析词汇以资区别。

图腾基本上用以指一种信仰和习俗体系,表示遵守禁忌,以及对亲族关系的信仰——相信群体成员乃是某一图腾祖先的后裔。至于什么是图腾的基本特征,又什么现象可适当地称之做图腾,则可因图腾一词用法之不同而异。图示加拿大原住民占向族图腾柱。

　　而且,由于出生的关联或者由于血的关联,这些意识,在各种社会中,并不相同。例如有部分的母系社会,父亲在社会上,并不一定认为父子之间有血缘上的关系。换言之，"血"的意识，是依各种社会不同而异。但由出生关系而认为社会的血缘者，类似此等的意义，根据民族志的记载，台湾少数民族排湾族，便是一个例子。同时，由于出生的关系在概念上而不带有血缘联想的词汇者，目前还没有这种的专用名词。故此，权宜上，才有上述血缘分析的用语。当我们使用生物的概念或社会的概念时，必须注意与自己社会的用法而不可混淆。

社会的血缘关系乃以祖先与个人结系或宗族（lineality）为主，以及以个人为焦点所形成的范围大小的问题。换言之，所谓血缘，乃介于亲子两者关系（filiation）之间，其时它是否有限定于"父方"（patrilateral）抑为"母方"（matrilateral），亦即不分亲的性别，只"择一的"（utrolateral）或选择"双方"（ambilateral）。

3. 亲族群体

人类普通的生物学上的家庭，包括父母及其亲生子女或收养子女，这种形式的家庭称核心家庭（nuclear family）、自然家庭（natural family）或基本家庭（primary family）。一个具体的核心家庭包括配偶双方及其血亲分子（consanguine element）。核心家庭的特色是不能长久，父母过世，出生的家庭就不存在。

核心家庭可以改建成扩大家庭（extended family）。一个扩大的配偶家庭可以因"多偶婚"增加新的没有血缘关系的配偶而形成多偶的配偶家庭。但也可以因血亲的加入而形成。例如因兄弟的加入而成"兄弟共妻制"（fraternal polyandry）的配偶家庭，姐妹的加入而成"姐妹共夫制"（sororal polyandry）的配偶家庭。但这种扩大的配偶家庭，本质上仍是一种核心家庭。真正的扩大家庭，实际上是一种最小型的氏族（clan），或地域性的世系群（local lineage）。

联合家庭（joint family）是包括两个或两个以上的核心家庭，透过男系或女系继嗣关系而结合在一起。即共住在一起，共同负担经济与社会方面的义务。

在从父居的联合家庭中，男性子嗣于结婚后，继续住在老家，即另建新房，也是靠在父亲家屋的边缘上。结果是群体不断地扩张。在这种情形下，女人婚后需离开父亲的家，住到夫家去。在母居制的社会，情形则反之，女人婚后仍留在母家，男人则随妻居住。

世系群（lineage）亦称宗族，它是指同一祖先，由单一的继嗣系统（父系或母系）延绵下来的后嗣。在某种情况中，世系群只是氏族的一部分。所谓氏族，常常带有神话色彩的祖先，而世系群常指追溯一个实际存在的共祖。当一个世系群过于庞大或扩展时，就会分裂为若干个新宗族。

氏族（clan or sib）是家庭成员关系的扩大。氏族可以分为母系制或母权制（matronymy or matriarchy），与父系制或父权制（patronymy or patrarchy）。Maine, H. 曾认为人类社会最初的家族制度始于父权制，其观点乃根据男人对妻子及奴隶有生杀之权。然而男一派的学者们,诸如 Morgan 及 Lubbock 诸氏,则认为人类最原始的性关系是乱婚的,只知有母而不知有父,故其结果母系制必然系在先。

因是,一般学者认为大凡父系制的民族,它的先前必行过母系制。通常在北美洲发达的部落中是行母系制的,至于父系制反行于低等的部落中,由此看来,母权未必是最原始民族的特征。

关于世系与居住发生一种普遍见于许多地方性的风俗,乃为岳婿翁媳的禁忌(parent-in-law taboo),这是一种回避的形式,存在于某些社会中。即男子常与岳父母相避,或只能在某一范围或限制内相接触;妻子对于夫方的人也是一样。例如新几内亚的 Bukaua 人,在岳父前饮食须遮面。澳洲土著也有此俗,岳母与女婿须互相回避,两方间若偶然发生接触,其影响甚至会使女儿与女婿离婚,或者女婿被逐,或被处死刑。南非祖鲁族看见岳母要用盾遮面。美洲印第安 Navaho 族的妇女婚后虽靠近她的母亲居住,但丈夫却不得与岳母交谈,否则如果发生了任何变故,一切都会归罪于因为他们触犯了禁忌而后才发生不幸的。

关于这种风俗,Freud, S.认为是由于"不当结婚的人们间防止性交诱惑的一种慎虑",但同性间何以也须避忌,Freud 认为也是由于异性间避忌的扩张。精神分析学中称之为"精神的冲突"(ambivalence),亦即爱与憎的冲突。岳母对于女婿爱的方面很有性的诱惑,恨的方面是因他原是别人却夺去她的女儿。由于精神正反两面的冲突结果,遂产生了禁忌。

4. 图腾制度

图腾(totem)制度是社会中的一种信仰和习俗体系,通常存在于群体和某一类动植物之间的神秘或祭仪关系。一般图腾是表示禁忌,例如禁止伤害与其图腾有关的动植物,或对亲属关系的信仰,即亦深信群体成员乃是某一神秘图腾祖先的后裔。但依部族的不同,图腾有时并不是绝对和氏族组织连在一起,很多有氏族组织的社会并没有图腾。此之所谓图腾制度,是指一个社会和特定的图腾表记之间的各种特殊关系。例如北美洲的印第安人,图腾和氏族的关系仅用于姓名,他们用熊、鹬、龟等作名字,除作姓名之外,并不意味着其他关系。

一般学者均认为 Haidas 族行图腾制,而 Haida 人也是那个图腾动物的化身。他们在体躯上刺上那个动物的形象,雕刻方面也都雕着他们所属的图腾标记,可是这些图腾标记却又不能真正取代氏族的名号。按 Murdock 的研究报告,显示出图腾标记只是氏族的象征而已,仅是在表现自己对氏族的认同感,除此而外,别无其他更深的含义。

北美 Hobis 族印第安的图腾又是另一种形式。氏族选用某种动物作为表记名号。如采蝴蝶为名号,就不杀蝴蝶,采山狗为名号者就不杀山狗。至于采白兔者,该白兔族只不杀白兔,但对蝴蝶和山狗两者都杀。他们所采图腾只是作为氏族上的区别,此外并无其他含义。

艺术的本质有时是附属的,有时是独立的,它本身原是一种人为的产物,但此人为必须要有自由而无羁绊,目的并非全为满足生活直接之需,而是为唤起一种气氛和情绪。图示毛利族(Maori)集会所门柱上的文身雕刻。

东非巴干达族的图腾制度较为复杂。该族是行外婚的父系氏族,每个氏族有其个人特用的名号、独特的鼓声、和两个图腾标志。氏族名号有狮、豹、蕈等,氏族中绝不杀食图腾标志所代表的动植物。但也有一些部族并不认为该图腾是他们氏族的始祖,只是用它来代表氏族上的一个识别而已。氏族的祭祀礼仪式也不是直接祭祀图腾,反而是奉祀历代祖先与氏族有关的非图腾性的超自然神祇。

澳洲北部沙漠地带的 Arunta 族行父系大家庭制,他们占有一定的土地领域,在领域内有几处图腾中心——圣地,他们深信神话中的祖先灵魂就是寄宿在这里。图腾中心系用特殊的石头以及祖先留下来的圣物作为标记,祖灵分为两股:一股永存在圣物中;另一股等待随时投胎的机会。某一地区的族人,如果他相信他是来自某特定的图腾中心,他就可以成为该图腾群中的一个成员。每一个图腾群有一个首领,专为掌理各种仪式。由于沙漠中食物资源缺少,故图腾群中的族人,只好不得已很节俭地吃那些与图腾中心有关的动物和植物。

图腾制度除为族人以之作为氏族的识别外,多少是与神话和信仰有关。宗教仪式祭祀的复合体强化整个社会的团结,并且把社会与宇宙联结起来,成为一个整体。

综观上述,图腾在原始社会,确实提供了一个基本的组织原则。图腾乃是人与生物之间关系的一种特殊发展,它不只把人与人之间的关系组织起来,同时也把人与环境的关系组织起来。生物之被选作社会群体与氏族的表征,是因为它们表现了社会的价值观。换言之,它们对该一社会的物质与精神福祉,实具有重要的影响。

15. 地域社会

1. 定义

地域社会亦称社区（community），在社会学上有很多定义，在概念上，大致是指物理的位置关系（地域、场所）与一群人共有的一体感（共属感情），包含着双方的理解。人类学家则用以指一群相互依存的家族，在一个队群（band）或聚落（encampment）或较大的聚落区，经营着共同的生活。一九一七年，美国社会学者Maclver, R.M.最初用之以作为社会类型上的协同社会，或结社体（association）的概念。community 一词，日本多译作"共同体"或"邻近社会"，但绫部恒雄则认为译作地域社会当最适切。可是，若以之作为社会类型的分类，即以之作为一种理念型来臆想的话，对于实体概念的社区概念予以理论化时，可能会产生许多问题。因为地域社会在概念上原本就具有多义性，没有明确的解释，Mackiba 解释为："地域社会并非人与人之间互有特定的关心，而是在共同生活中，互有着基本的诸种条件，不论集团的大小，都可以称其为地域社会。在具体上，例如开拓居留地、村落、部族，甚至都市和国家，均可称它为地域社会。换言之，包括人类一切的生活，亦即人与其社会关系，就是地域社会的特色。"

地域社会的概念虽然从上述的定义中出发，然而其后由于时代背景的变化，它自然地又随之产生了多歧的意义。Hillery, G.H.曾就各方学者对地域社会一词的解析作过统计，在他的统计结果上，认为所谓地域社会是由社会的相互作用（social interaction）、地域（area）及共通的绊结（tie）三种基本要素所构成。此外，Harper，E.R.及Dunham，A 一并认为地域社会乃具有物理的、地理的、领域的范围与社会、文化等特质，而且具有法的境界、自治、凝集性、共感等特色。Mur-dock，G.P.对地域社会的定义，则强调共住与面接关系（face-to face association），并着眼于时空间的地域化以及密度较高的共同生活。Lowie，R.H.认为大凡由于共属意识所结合的亲类（kindred）与邻近者结合，而形成了自给自足的狭窄圈的社会，都可称之为地域社会。约言之，此外还有许多学者，认为关于"地域社会论"的诸种问题，与其下了许多抽象概念的定义，不如专就地域性和共同性两者间相互的关联，以及具体的内容来寻释它实态的意义，也许更为妥贴。

2. 地域社会的诸形态

所谓地域社会，也有以社会的发展阶段所显示的诸种形态作为概念者。若要具体地明了一个"共同性"与"地域性"相伴所形成的地域社会形态，由于它具有高度而复杂的文明，研究起来是非常困难的。因此许多学者选择了较单纯的"队群"形态的社会来做初步的研究。

主以狩猎、采集或游牧为生计，并依季节在一定的地域内移动，由数家族结合而成的集团，通称队群。北美洲的印第安人，非洲沙漠的布须曼人，刚果腹地密林中的小侏儒人，菲律宾的小黑人以及澳洲原住民诸族的社

地域社会在人类学家及社会学家的研究技术上不同，前者是企图把一个地域社会如队群、聚落的文化架构作叙述与分析；后者则仅就社会关系予以揭示。图示定着性约三百人的 Puitan 村落。

伊夫高村落，Puitan Village 采自 Tage Ellinget Prof.

会形态，均属于上述的队群。但是狩猎采集民中，也有一些是定居形态的社会。例如从阿拉斯加以至加拿大的爱斯基摩人，加拿大太平洋岸的海达，以及北美洲大平原的印第安诸族，都是属于定居的队群。又如南美洲和东南亚的烧畑农耕民，在若干年要转换土地一次，而形成半恒久性的地域社会。按上述的意味，渔捞民的地域社会的定着性也很强。开垦地中心所形成的"集落"通称为"村"，一般农耕民的地域社会，多为"村"的一种形态。

另一方面，例如美国的农村，由于教会、学校、邮局以及商店形成了地域中心，在广泛的周围散着农家，这种形态的地域社会，称之曰"近邻集团"。

由于季节又可分为"定着村落"与"移动队群"两种类型的地域社会。根据 Murdock 曾就二百四十一种不同类型社会的调查，队群者占三十九，没有地域中心的近邻社会占十三，村落形态者占一百八十九。地域社会的大小也是多样的。不少的原始队群只有二、三家族结合而成，这种小型的家族构成，也许是最小的队群了。

根据 Goodenough, W.H. 对各种地域平均人口的调查结果，得知未开化地域社会大致是由十三人至一千人组成，队群者为五十人，近邻集团者为二百五十人，定着性村落为三百人。

地域社会规模的大小，主以粮食确保的条件为基准，狩猎采集民平均为五十人以下，畜牧农耕民平均为四百五十人。迨至近年，在"现代地域社会论"中，由于地域开发以及社会开发等的战略手段不得不加以考虑，故在理论上，已非往昔只对地域社会以人口作为基准那样的概念了。

3. 现代的地域社会论

地域社会理论的研究同时着眼于地域的开发，实始于世界二次大战以后的事。在研究地域社会的历史中，对许多现实的社会问题原本就有很密切的关联，尤其在二次大战后，由于因先进诸国经济计划的影响，在既有的研究中，对"社会开发（social development）"一项概

年龄组普遍见于一般原始社会的一种制度。在这一制度中,男女在一定的年龄必须经由成年礼(rites of initiation)而进入成人地位,随即组成永久性的团体和结社,成人随团体经由公认的更高阶段而上升,每一团体都有它特殊社会任务。图为Bagobo族。

念,不得不同时加以考虑。最大的原因,就是目前在发展中的国家,它与"地域社会开发(community development)"的关联,实负有重要的战略性角色。既往所谓"经济开发"的名称,现在已改用"社会开发"一词来代替。换言之,经济开发的最终目的,无非是为提升社会福祉。根据一九五五年的国际联盟资料,略谓"地域社会活动"的参与与主导性,原是为提升社会福祉及育成自主的态度,这种 committe-organization 的组织方式,它的研究,也许要先从人类学入手。自此以后,地域社会开发方向,虽然以经济为最优先,但对"社会"同时亦不得不强调其重要性。

社会开发的一门学问,自二次大战以后,遂成为有力的社会哲学。最近的地域社会研究,由于上述的时代背景,不论其为概念抑或为方法论,可以说它是以文化人类学、社会学、社会心理学及政治学等诸科学各自发展研究法,向着统合的体系化方向进行。

16. 结社与社缘集团

1. 人类集团形成原理

人类和单独生活的动物不同，因为人类喜欢群居，同时具有高度的文化，在划界制以及顺位制的组成原理下，展开了极其复杂的社会现象。

人类集团的形成，换言之，即为社会生活中人与人之间的一种人际关系。此一人际关系，如果把它视作人类社会的原点来臆想时，也许大致可以分做三种关系：

（1）血缘关系

（2）地缘关系

（3）其他既非原理，又非地缘的血缘，另一"其他的"的关系。这里所谓"其他的"第三关系，就是本节所阐述的"结社的集团"形成的原理。根据此一意义，也许可以称其为"结社缘"——或简称为社缘关系。

第一项的血缘关系，乃建立在血亲（consanguinity）的基础上，诸如亲子、兄弟姊妹等构成家族或亲族的集团。由于此一关系的象征化与扩大，包纳了多数的成员，遂形成亲族集团、氏族集团等。上述就是以母子关系为原点，以血的关联的组织原理所形成的集团。

第二项的地缘关系，乃为未发达的队群社会，但有领域意识的存在。由于随着社会的进化，渐次具备着地缘的重要性，遂形成了所谓村落的共同体。更进一步则成为都市的共同体而产生了地域的组织。

2. 社缘集团

既往民俗学的研究,只重视上述"血缘"与"地缘"的两种组织原理。研究的主要对象乃为"低陋文化"的社会,由于研究者自身所属的社会较之上述的两项原理远为卓越,故第三项的社缘关系,反被忽略。然而第三项的组织原理,如果它达到本格的成熟期时,是需要人类社会经过长期的进化过程,才能显示出来的。因此,这个第三项的组织原理,在"低陋文化"的社会中,经常被视为是血缘与地缘中一项从属的关系或地位而被忽略,或把它放在次要的研究上来处理。

直至目前为止,一般人类学者,对于现状的研究,仍然以"血与土"的组织原理为轴,而视社缘集团为副次的,并以从属的地位来处理。但在今日的社会中,人类可说是已经脱离了血缘和地缘生活,在各式各样的结社关系上生存,当知社缘关系在今日社会的研究是多么重要了。

3. 秘密结社

原始社会中常有自由结合的团体通称结社(association)。结社的形式是以"秘密"为目的的一种社会形态,它的作用有监视政治、宗教信仰、教育、经济、调节性行为等任务,与文明社会中的秘密结社的目的颇有不同。在原始社会中的秘密结社(secret society),它之所以称为秘密,是因其拒绝会外的人,但结社的秘密性,亦非绝对的存在,有些结社,并不如字句上的秘密。

成年礼的功能,除了为完成童年期至成年期的转变外,还有一些是
属于秘密结社的标志的礼仪,与涉及一种假定的"神秘的神召"的
礼仪。每个族人都需经过这些仪礼的考验,才能从童年进入社会的
领域或家务的领域。图为 Bagobo 少妇在操作家务。

一般结社的分子，大多限于一性，有男性的结社和女性的结社，但大都以男性者为多。此等结社通称性的区分（sex dichotomy）或性的结社（sex association），此外也不是绝对无兼容两性的。

结社在美拉尼西亚的土著社会中最为盛行。例如政治上的酋长，常由结社的首领来兼任。他获取此一权力，不是由世袭而来，而是由他对族人的贡献而被推选出来的。故这些酋长，大都是长老，其政治也成为长老政治。美拉尼西亚土著的结社，尚带有宗教和教育两者作用，新会员加入结社时要戴面具举行假拟死而复生的仪式，教育方面则有各种求生技能的学习，诸如狩猎具制造等。此等结社事实上并无秘密可言，它之所以为秘密者，只是因为拒绝会外的人要求参与他的社会组织而已。

秘密结社的入会仪式（initiation），也许可以视为结社的重点，新会员须神断（ordeal），经过严格考验，仪式繁缛而恐怖，它无非是一种心理作用，加强一般会员对领袖的顺服力。入会后可以享受许多特权，包括结婚、支配私产、使用头衔与参与仲裁之权。另一方面对社团的同仁应尽某些义务，那些义务甚至超过他对亲属及会外团体的忠诚。会员常分有等级，即最初由下级逐次升至上级，每次升级都须再举行仪式，阶级愈高仪式就愈繁。男性的结社，常和会所（men's house）连在一起，此等男人会所，常见于一般原始社会之中，它是禁忌女人进入，而专供男人食宿和举行仪式之用。有些地区男人全体都住宿在那里，有些只有独身者。友爱与社会联结的原则,以及纯粹由于虚构的血缘关系的称呼,都是秘密结社的要素。此外尚有图腾、禁忌、厌胜等,也常包括于结社之中。

秘密结社并不特别盛行于原始社会,即使在文明社会也有类似结社的存在,巫觋结社与宗教结社等均为其一例。

戒礼中除割礼外,也有在戒礼前后举行身体毁饰,诸如文身和缺齿等。

4. 年龄等级与割礼

在原始社会中,常有年龄阶级(age-class)的年龄群(age-group)组织。在社会中基于年龄长幼反映其社会地位最为显著,它常被称为年龄组织,而且它与秘密结社有极密切的关联。

事实上,年龄组织是一种自我教育与公共服务制度。所谓教育,就是要生存在原始社会里所必经的考验和训练制度,以成年礼(rites of initiation)为参加组织训练生活的开始,表示进入成人地位,随即组成永久性的团体,成人随团体经由公认的更高层而上升,而且每一个团体都有它特殊的社会任务。

多数民族在成年礼中,有身体毁损的风俗,最普遍者为割礼(circumcision),男性在割礼中割去阳具的包皮,例如澳洲土著男性的割阳(sub-incision)行为,是象征在男性社会中取得成年的地位。施行这种神秘的仪式是不使用麻药的,只是用锋利的燧石作为割切工具。

在非洲的若干自然民族中尚有举行割阴（clitoridectomy）的仪式，即割去女性阴核上一小片表皮的一种手术，由于割阴的仪式出血较割阳为多，故受术者常昏迷过去，这时女子的母亲将女儿抱回家中休养，并喂以较营养的食物，诸如野蜂蜜等，要长期的休养，始能恢复健康。

割去部分的多少或深浅，常依施术者的情绪而定，举行割礼的年龄，乃依各地风俗习惯不同而异。不论男女，大多是在青春发情期的前后，或在婚前，也有在婴孩时期就举行割礼的。

无疑地，割礼的仪式是恐怖的，尤其对于女性是极其痛苦的事。人类为什么要举行割礼，许多学者对它的解释不同。有的说是象征牺牲、承受痛苦的一种勇敢的表现，象征生殖器神圣，性交欢乐前付出代价，警告不可乱交，及向神祇补偿生命的价值等。

5. 阶级组织

阶级组织（hierarchy）是指涉及具有身份高低、尊卑及贵贱之别的社会地位，在社会学中是指任何分等级的人群及其反映在权力与声望的等差。因此，依照尊卑，其所享权利责任，就有很大差别。阶级组织，在最低陋文化的原始社会虽不甚明显，但在波利尼西亚和非洲却颇为发达。

阶级的发生常由战争、种族、财富、职业和宗教等引起。俘虏成为奴隶，战争频繁也会发生战士阶级，巫觋由于施术,常被尊为社会高层人物,财富的拥有使社会产生贫富之差。由于职业的分工,发生阶级的区别。

北美洲的印第安人以战争击毙敌人,东南亚的猎头民族以取得敌首,因而获得社会上的荣誉或被推为酋长,但此等酋长并没有政治上的意义。好战的民族如毛利人,也因为个人的功勋对族人的特殊贡献而成为贵族。菲岛的 Bagobo 杀过若干敌人,则可获得穿着红色衣饰的象征,但战士的地位是不能世袭的。

在原始社会中,男觋女巫是生来就能操纵巫法(sorcery)的人,智慧也特别高,而且具有巫术(magic)的特殊气质,因而受到一般族人的尊敬。例如北美Maidu 族的萨满(shaman),所谓神巫,在社会上就有很大的势力,甚至酋长的实权都握在这些神巫的手上。尤其是秘密结社的首领,势力不但压倒酋长,而酋长地位的被选,是由神巫来宣布神意,其废黜也是如此。神巫能规定族人的仪式生活、判决争讼、医治疾病,也是族人神话的权威。

6. 文化人类学与结社

现在我们回头再来按照整个人类史来观察,在农耕牧畜社会中,由于分配领土和解决纷争,以及团体努力拮抗关系等,结社是很自然的一种结果。不只原始社会如此,今日的宗教始源,也都是开始于结社。其次,再由多样的职能、技能、艺能等集团的结合建立都市而产生了文明,由是人与人之间的结合,再而形成了强烈的社缘集团性格。

　　然而,结社的重要性,它能获得决定性的重视还是在产业革命以后,其时社会编成并脱离农耕畜牧的阶段,进入所谓都市生活的样式,扩及全世界。在这个过程中,虽然人们在地球广泛的地域上迁徙,但参加多样性结社的人,较之参加地缘性集团者,更能获致生存的保障。换言之,即"社缘原理"较之"血缘"与"地缘"要卓越得多。

　　因此,如果根据此一进化史的脉络来探讨,则既往文化人类学一向只重视血缘与地缘而忽略了社缘。我们对将来人类文化的展望,对人类结合关系契机的三要素,以血缘、地缘及社缘作为集团基础的定义,也许较为妥贴。

　　此等结社——在社缘集团中,因它的性格、内容、构成等,乃包含多样的要素,故在结社的研究上,对于分类自是一项庞大的课题。尤其对原始社会中的年龄集团、性集团,入社仪式的有无、秘密结社等,都是最重要的研讨对象。同时血缘与地缘的相互关系,今后需要更彻底的研讨,这些结社以及社缘集团,也许都是在今日文化人类学的研究中,最易为人忽略的课题。

参考文献:

·绫部恒雄编《秘密结社》,《现代のエスプリ》, 至文堂,1975。

·绫部恒雄《アメリカの秘密结社》,中公新书,中央公论社,1970。

·Lowie,R.H.,Social Organization,New York,1948.

·Service,E.R.,Primitive Social Organization,New York,1962.

·米山俊直《集团の生态》,日本放送出版协会,1966。

17. 文化人类学与语言

1. 人类的特色——言语的存在

人类和其他动物的不同，就是人类能直立步行，因此可以利用两手并制造工具，同时还知道用火，由于此一结果使人类对生存的环境适应能力显著的增高。

事实上，人类和其他动物比较，最具特色的是在人类大脑中具有运动性及知觉性两种的语言中枢（speech center）。此种人类特有的语言中枢，除了人猿中的黑猩猩稍具萌芽的状态外，在其他动物中是没有语言传达机构的。这里的所谓"运动性"语言中枢，是指喉、唇、舌等动作所发出语言的功能，"知觉性"语言中枢，乃为理解他人的言语机构。在医学上，或有认为语言中枢，其机能可能比上述的存在有更广阔的范围，因此名之曰"语言领域"，（speech-domain）这个名词也许比中枢一词更为妥贴。

2. 动物的鸣声与人类语言的差异

若以人类的语言和动物的鸣声比较，即人类的语言是声音经过细微的分化，而没再把它组合起来，并且在一定的文法法则结构下，使之成为句子，故此可以把复杂的意义作自由的表现。亦即由于人类的语言是具有"象征化的机能"或"象征的作用"而与动物简纯的鸣声迥异。

根据 Haldane，J.B.S.的研究，黑猩猩（Chimpanzee）的语言中枢虽有萌芽的痕迹，他曾经教它们学习语言，可是它们对最简单的 pa-pa，ma-ma，与 cup 等最简单的三个字也无法发音。

最近 Gardner, B. 夫妻俩,曾就一只雌性的小黑猩猩授习以手语,经四年的训练,已能习得十三种的表现手法,甚至有时能够把若干单元系起来,传达较复杂的资讯。例如:"门外有一只大犬,也许会咬你"。

Gardner 的报告发表后,颇引起各方学者的注意。即人类以外的动物,并非如既往的臆想,认为全无表达象征的能力,这的确是划时代的发现,同时我们也证实灵长类的语言中枢确实有萌芽的迹象。然而我们不能不回顾生物进化的阶段,人类与黑猩猩之间,"质"的差异还是有很大距离的。

根据 Drumond 的研究,人类虽然曾经有过一段无言的时代,那时的人类称为"无言人类"(homo-alalus)以别于现代的"智人"(homo-sapiens)。可是在这里所指的"无言",只是指无狭义的语言,即无完备的口语,若为广义的不完备语言,事实上,则自有人类就有了。这也是在质的方面有别于其他动物的。

3. 人类语言的发生

大凡群栖的动物,多已有传达信息的方法。无疑地,人类在最远古之时,至少也有一种类似一般动物的极原始的讯息的传递。根据 Washington, B. 的说法,认为人类是用啁哳噪叫、呐喊杂嚷等来作彼此间的意见沟通。例如爪哇原人,可以明显地看到它语言中枢已相当发达。人类语言计有四种学说:其一为 bow-bow 或 moo-noo theory，即模拟说或摹声说（imitation），此说以人类语言是模拟各种动物的声音而得，例如印第安人称乌鸦做kaw-kaw，一种夜啼鸟做pono-pono，通称此语（onomatope）；其二为pooh-pooh theory或感叹说，此说以语言系产生自感叹声，即在今日犹常见于原始民族；其三为yo-he-ho theory或社会说，此说以为人类因工作所发生的声音，如例叱马的诸种单语；其四为boot theory的语根说，此说主张所有简单语言都是由"语根"（roots）构成。试举一个比喻，即语根犹如树枝和石头，两者同是最原始的素材，由此两素材发展成为各种器皿。所谓语根也是一样，即由若干基本语根构成了无数复杂的语词。

4. 人类与文化

由于人类能言语，因此人类和动物之间，本质上的差异，就是只有人类才拥有"文化"。

在日文中，对文化的概念大致有两方面：其一是"文化国家"、"文化的生活"、"文化人"等的例子。在概念上乃形容知性的高水准，颇近于"知性"、"教养"等意味；其二则为"日本文化"、"绳文文化"、"低陋文化等"，是对广泛的生活样式（way of life）的总称。

英文的culture及德文的kultür，德文乃有强调上述第一项的意味，而英文则强调上述第二项的意味。尤其在社会学者的观念中，大都是强调第二项的意义。

文化人类学者对"文化"一词，大都基于第二项意

根据 Haldane 研究,认为黑猩猩的语言中枢虽有进化的痕迹,但对最简单的音义,尚无发音的能力。但部分生物学家认为 "文化" 虽无 "语言" 也能存在,这是近年文化人类学家与生物学家观点的不同,对文化定义的一项有趣的争议。

义作解析,尤其是指"人类生活样式",由于此一概念,因是以记述动物生活样式时的特色作为定义。有关文化概念的定义颇多,例如 Taylor, E.S. 所下的定义:"文化是知识、信仰、艺术、道德、法律、风习以及一切成为社会一分子的能力和习惯等等的综合体"。又如 Kluckhohn, C. 则谓:"文化是后天的、历史的所形成,也是人类生活中。外在和内在生活样式的设计。"(system of explicit and implicit designs for living)。这里所谓外在的(implicit)当是一种动作或行为,而所谓内在,当指行为规范、价值观念、伦理观、思想、超自然观等等。例如猿猴等动物,虽经训练对于红旗的标志可能有某些记忆,可是对于红旗的意味,在资讯的理论上则毫无理解。至于人类则不然,所有行动中,必定具有内在的价值观与思想的一种体系(system),然后使其行动获致效果。关于这一点,就是人与动物之间"质"的方面根本上的差异。

人类学家 Hallowell, A.I. 对于类人猿的"后天学习的行动"称它做"原文化"(proto-culture),借以与人类的文化相区别。Wallace, A. 对此一名词更详加注释,认为动物的"后天学习的行动"仅仅是一种动作的反应,而人类的文化,却是一种精神的、内在的、基层的作用,尤其它是成立于具有象征作用的语言条件上。

日本人类学家今西锦司认为"文化"一词乃具有"教养"与"知性"的意义,因此他建议,化石人类的生活样式应称 proto-culture 或 pre-culture,类人猿的生活样式的文化称 sub-culture 或 subhuman-culture,这样的分法,在一般理念上,也许是最为适当的了。

可是,近年有部分专门研究猕猴行为的学者,他们从许多研究结果中,认为文化并不一定要有"语言"才可以存在。无疑地,这是学者之间,对外在的行动与内在的思想的观点不同,但语言是文化的最重要的要素则是毋庸置疑的。

参考文献:

·伊谷纯一郎,《灵长类の传达机构》,《年报社会心理学》,第十五号,劲草书房,1974。

·千叶康则,《动物行动ガかろ人间行动へ》,培风馆,1974。

18. 文化化与生命仪礼

1. 文化化的定义与区分

大凡人的一生犹似一根竹竿,它的过程不是平平地连续下去,而是像竹节一样,每一段生命有一段的完结性,由若干节串成他的一生,这就是所谓"人生的节",每一个节都具备着某些条件而后才能"通过",再跨入另一个节,如是由出生、成长、衰老以至于死亡。

此等每段的"节"是依照文化的进展作为人生区分的,而其文化,是依各民族与社会的不同而异。而且,不论任何社会,必有人生区分的文化的。即使是最简单的区分,也有儿童和成人之分。几乎所有的社会,都有儿童、青年、壮年、老年以至于死者等各阶段的区分。依社会与民族风俗习惯不同,来区分个人人生的各阶段,为了证明或纪念这些阶段的"通过",因此举行各种仪式(通过仪礼)。故此,人的一生,也可说是"通过仪礼"所串成的。

通过仪礼的具体形式,虽依社会与民族之不同而有异,但它本质上的构造,在各种社会和民族之中,却具有普遍的共通性。

人类自出生以至死亡,一生都在学习之中。通过仪礼是在表示各阶段学习过程的整合手续。每个人的人生阶段,也是依其个人的地位、价值观念以及行动的方法而有所区别。此等"文化习得"的过程,谓之"文化化"(enculturation)或"社会化"(socialization)。

2. 文化化的区分

文化化大致可以区分为三个阶段。文化化的第一阶段亦称第一次文化化（primary enculturation），是指幼儿期，此一阶段是形成日后他的生理的习惯与社会的习惯——人格（personality）的基础。关于此一研究称为"文化与人格"。

文化化的第二阶段或称第二次文化化（secondary enculturation），属于思春期（青年期）。关于此一阶段的

在原始社会中，成年式是最重视而又有多样性格的一项"通过仪礼"。成年式的意义，除为象征在再生的体验中表现其本质外，其次就是对勇敢的培养磨炼，教训下一代勇敢地面对生存，如何去建立一个理想的人生哲学。图示柏布亚新几内亚 Kuka-Kuka 族的儿童，接受一项通过仪礼的考验，鼻子被一根用硬树皮削成的木棒穿透着。左图是一个社会的成员，鼻上穿着一副猪牙，象征着他生存的能力和在社会上的地位与贡献。

文化化,较之前阶段呈现定型化的样式,其研究的中心问题则为年龄集团（age group）、秘密结社（secret society）的构造与机能、集团的加入仪礼（initation rite）——成年式、入社式以及婚姻习俗等。近年有所谓"教育人类学"（educational anthropology）就是研究上述问题而发展出的一门新学问。此一研究焦点,也有学者把它并入"近代学校教育"中一并研讨。

文化化的第三阶段,亦称第三次文化化（tertiary enculturation）,为成年后的学习,即成人为配合他的社会和扮演某种角色的需要而继续学习,它乃具有职业和差事领域的重要意义。第三次文化化的研究,其探讨的范围已扩及"产业社会的文化",为今日文化人类学中提了一项崭新的问题,即对企业体与职场的"加入仪礼"等已受到注目。

3. 通过仪礼的阶段

通过仪礼（rites of passage）亦称"生命仪礼"、"移行仪礼"或"推移仪礼",它是广为人类学所用的概念。即如前述,在人的一生中,自诞生、成人、结婚,以迄于死亡,形成了若干"节",每一个节意味着每一个在他所属的集团内,在每一段时期中,由于身份的变化而被肯定地成为一个新的角色或负起某种职责。为此,在许多原始社会中,在人生通过每一个节的时候,为了祈求平安是必须举行仪礼的。

通过仪礼可区分为"分离的仪礼"（rites de

separation）、"过渡的仪礼"（rites de marge）及"统合的仪礼"（rites de digregation）。分离的仪礼是以某种行动象征离别，例如远出旅行，或离开了部落到别处搭建一间小屋独居等，澳洲土著的成年式，则以器泣来象征分离。过渡仪礼则以抖动他的身体作为过渡的象征，或男着女装，或女着男装，然后由祭司施术以象征其价值的转换。第二阶段的统合仪礼乃为施行割礼并授以种族神话的教育。

4. 通过仪礼的事例

通过仪礼固然是依照民族多种样相之不同而有异，同时也因时代与职责、身份阶级显示出更大的差异。此等人生仪礼颇为复杂，内容有下列五项：

（1）生庆祝

婴儿的出生不单指生理的存在，同时也需要家族或族人共同体的认知而存在。分娩时婴儿落地意味着"人间"或"生者"地位的移行与编入家族行列中的一个成员。在传统的泰族中，婴儿出生三天之内叫他做"phi"，"phi"是"精灵之子"之意。迨至三天之后，长老的"魂"（khwan）才开始进入婴儿的躯体内，这时的仪式是巫师用圣丝把婴儿的头手捆起来，表示灵魂已固定在躯壳内。这意味着出生是个人先从精灵的世界出来，而后再移行入生者的世界。

类似上述的诞生仪礼，依社会不同而有很大差别。在印度某些种族是不举行诞生仪礼的，除非婴儿生病或遭遇危险才举行。在原始社会中,名字是为体现婴儿的人格或赋予婴儿"新的力量"而取的,因此有命名仪式或命名的庆祝。苏门答腊某些土著,婴儿出生后四至八天才举行命名式,男婴取自母亲的兄弟,女婴则取自父亲姊妹的名字,是谓"孔亲"名。

(2)幼年期与少年期的仪礼

从幼年经少年期以迄成年式的时期,在许多原始社会中都意味着戏剧性的变化。在泰族中,出生后一个月的婴儿,要把他的头发剃光。但对于病弱的婴儿,则在头顶留一撮髻状的头发,为的是驱逐恶灵,或防范其他恶灵附在婴儿体内。

(3)成年式

成年式是一般原始社会最重视而又有多样性格的一种通过仪礼。成年式大致可以分为"成熟庆祝"(puberty)与"入社仪式"(initation)。前者是以个人为中心、属于家族公开举行的仪式,后者则为青年组、秘密结社以及男子结社等集团而非公开的入社式。因是,入社仪式是伴随着个人成长的阶段,有在侧面或同时加入特定社会集团的性格。一般男子的成年式系以集团方式举行,女子的"成女式"则以个人的或家族的形态来举行。

入社式的社团,又可区别为少年入会的"年龄集团"及成人入会的"秘密结社"两种。前者的仪礼较之后者的仪礼起源较早。澳洲以及非兹群岛的岛民,在他们最远的古文化阶段中,许多学者认为已有年龄集团入会式的存在。

成年式的意义：其一是认为人生脱出了"自然"而进入完全属于"人间"的境界，或为象征死与复活，或是在再生的体验中表现其本质；其二是象征死与复活的训练，而且它是创自神话中的祖先，并教训后代如何建立一个理想的社会，并启示"神圣的世界"哲学与世界观。非洲的马赛族有围猎狮子的训练，北美印第安有被Kagina神鞭打等仪式，在非洲诸族中，成年式常与割体同时举行。根据人类学者就世界一百五十种文化的研究，其中有七十种文化中的少女在初潮时，都要接受割体的习俗。

（4）结婚仪式

结婚仪式是个人与配偶共同对社会获得崭新身份的一项宣言。在女性方面，由于婚后身份的变化，乃以发型及衣饰作为区别。

（5）葬礼与年忌

东非以及美拉尼西亚诸族，认为人是从精灵出生，经过诞生庆祝与命名式之后，便成为人间世界的一员，及至死亡则再由人间世界复归精灵世界。故此葬礼在社会的通过仪礼中尤其隆重。葬礼的形式依文化的不同，其内容及形式颇有差异。葬礼中分离仪礼的色彩是非常强烈的。而葬礼在通过仪礼中所具的意义，却是让死者的世界承认死者可以合法地进入它的世界。因此葬礼都有一定的手续，一方面给死者办理死亡世界的入境，同时在葬仪举行时还为死者追福。

5. 通过仪礼的意义与理论

通过仪礼是从一个状态移行至另一个状态，或从一个世界移行至另一个世界的仪礼，换言之，亦即人生仪礼的意义，是公开表示其在社会中获得崭新的地位和职责。例如入社式，则附带具有痛苦训练的教化方式，把成年的心深刻地烙印在青年人的心里。关于这种痛苦的仪礼，Chapple, E.E.及 Coen, C.S.称之曰"强化仪礼"，此一强化仪礼在本质上是对受礼者导入"危机的概念"。例如集团生活由于季节的变化，必须克服所遭遇的危机，而举行年中行事或名为保障个人平安而举行的各种通过仪礼。

Titiev, V.曾就上述分为"历法仪礼"及"危机仪礼"两种，他的学说也许可说是与 Chapple 的"强化仪礼"与"通过仪礼"相对应。按 Eliade, M.的学说，他则认为人类由于仪礼的通过，通过最初自然的存在而后才能接近理想的宗教人间。Gluckman, M.谓通过仪礼且有因个人身份的变化而伴随的社会关系，它实具有避免社会纷争与获致和谐的功能。

目前许多原始社会，由于外来文化的冲击、近代化、世俗化以及合理化的过程等等，已使之具有深远历史意义的仪礼抹杀无遗。今日文明社会的诸种仪礼，已经没有那种一贯的体系，甚至对社会意义也并不很强烈。虽然在现代仪礼中，还有什么入学式、毕业典礼、庆祝生日和婚礼等等行为的存续。可是，这些通过仪礼对现代的

成年礼有集体性的仪礼,其功能在完成童年期至成年期的转变,其次是进入秘密结社的标志仪礼,再其次是涉及一种假定的"神秘的神召"。图示所罗门岛(Solomon Is.)举行上述第一项的成年仪式,少年们必须从高架上跃入海中,作通过的严格考验。

鬼魂在梦中出现，因此产生了对祖先的崇拜，这种惯例无形中将家族紧固地结合起来，最终则成为社会的结构。故对祖先的祭祀，是相当适合于社会的权威持续性和体制。图示柏布亚于所表现人类对祖先超度的最原始方式。

意义,与其说是人间成长的过程所作用的内容,毋宁说它只是仪礼的一种象征而已。

参考文献:

・エリアーイ,M. 著,风间敏夫译,《圣と俗》,法政大学出版局,1969。

・大林太良编,《仪礼》,《现代のェスプリ》,至文堂,1972。

・フアンヘネッブ,A.著,绫部恒雄・绫部裕子译,《通过仪礼》,弘文堂,1977。

19. 教养·精神分析学与文化

1. 绪言

人类的成长，要比其他动物出生时的成熟度为低。即使最下等的微生物如变形虫（ameba），当单细胞分裂后的瞬间，就立刻会产生和个体同样的生活能力。灵长类中的日本猕猴，生后二十天就会步行，雌猴约四岁便有生育的可能，雄猴四岁半则达成熟，大致四岁就可以独立生活。这些日本猕猴还有育儿的行为，期间很短。

至于人类，自婴儿出生，必须由成人照料温饱，直至成长能够适应其固有文化的生活，其养育期需要十至二十年。

人类育儿的行为除维护未成熟婴儿的生命外，就是怎样使儿童成长，将来能适应其社会的生活样式，是为教养。

在一般动物的育儿行为中，例如母鸟的饲喂小鸟，哺乳类的哺乳，这些行为普遍存在于动物天性之中，可是，在人类而言，其行为尚依各种不同文化的社会而有各种不同的教养，这种人类独特的教养行为，是在人类以外的动物行为中所没有的。

在人类的"育儿"与"教养"两种行为中，其行动并非相反的，只是在意味上重复。人类在哺乳的方法上，也有很大的文化差。母乳并非仅仅是一种食物，而且包含哺乳者的情绪，何时喂乳等等的各种讯息。又如婴孩的排泄、保护儿童以及在儿童哭闹时，如何去应付和处理等，这些成人的处理态度，其行动是依各种不同社会的行动样式及价值观的不同而异的。

2. 欧美对人类观念的改变

在文化人类学的历史中，对于育儿和教养的问题，直至 Boas, F. 以来，才着眼其重要性而开始研究。Boaa 在一九二三年间，曾就各种相异文化中的各种养育方法及其成长过程，做了很多的研究。他的弟子 Bunzel, R. 曾就北美印第安的土著成长，在他们社会中所担任的角色，做了很多的调查。又如 Mead, M. 在南太平洋萨摩亚群岛（Samoa），对土著族女的思春期，做了不少的研究。其时，他们发现了两种问题意识。其一的课题，就是今日文明社会的文明人，他们的感伤和厌世感情等的思春期烦恼，是否在西欧文化中属于一种特定文化的固有现象？其二的课题，就是这种厌世感情的体验，是否正是表示西欧人，由于幼年期受到环境急激的变化，以致造成了心理的与生理的各自发展。

此等现象，是否产生于人类普遍的心理与生理的发达过程中？关于上述的两课题，根据 Mead 的调查结论，认为萨摩亚族女在心理与生理上，在思春期并没有什么危险期或苦恼期。其原因是因为她们从幼儿期进入成人期，其移行是非常缓慢而平衡的，同时也发现了这些问题，实与萨摩亚社会结构、价值观、育儿与教养有着密切关联。可是，有些地区，由于受到基督教渗入，而使传统的思春期生活受到了影响。

欧美在一九三〇年当年，对于男女的分工是基于生物学的差异。关于这个因男女性别而分工的问题，近年有些学者对它的妥当性曾加以检验。最先,他们先比较各种异文化(各种不同的文化),因此注意到,各种社会中所有的男性和女性,他们在职业上的内容,确实受到各文化关联的影响。

关于上述的课题,Mead 在一九三一年曾就新几内亚三个族群做了一个耗时长达一年多的田野调查,在他一篇《三个原始社会里的性与性格》(*Sex and Temperament in Three Primitive Societies*,*1935*)的报告中,就论及男女分派的工作及其性格的差异,是否决定先天的生物学的要因?抑或决定于各种不同文化的样相? 可是到一九七〇年代,今日我们对于各社会中男女工作的分工,在一般常识上,则认为在各社会的男女成员,他们分派的工作,实因"个人的差别"有以致之。因是,在 Mead 的研究中,他对男女所派工作的概念,以及他对男女性格的概念,两者混淆不清,颇受一些学者的批评。

关于育儿与教育的问题,除 Mead 外,尚有不少学者对这个课题虽然也做过许多研究, 只是在方法上,都有很多缺点。建立一项"对人类生活样式以及人间性更精辟的理论",正是今日文化人类学者所追求一个问题意识的新指标。

3. 精神分析学与文化

精神分析学之父弗洛伊德,曾就"俄狄浦斯情结"(Oedipus Complex)的概念,予患者诊断与治疗,发见

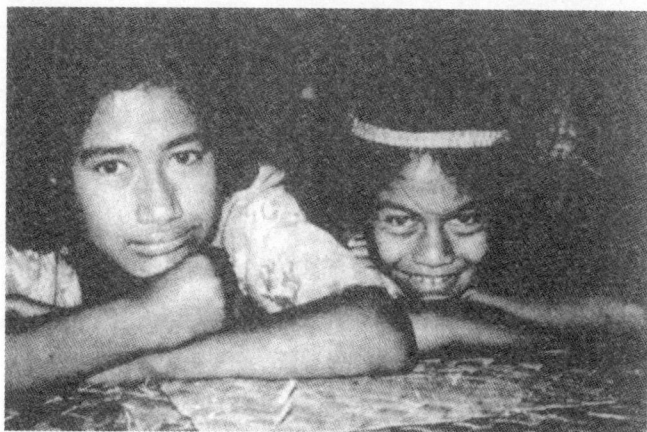

根据 Mead 的调查，认为在原始社会成长的少女，思春期在生理和心理上，并不像在文明社会中成长的少女，经常会产生危险期和苦恼期，原因是一般原始社会的少女，从幼儿期进入成年的移行速度是缓慢而平衡的，不似文明社会的那样激烈动荡和变化。因而发现一个社会结构、价值观与教养之间，互相实有密切的关联。图示萨摩亚少女，她们没有感伤和思春期烦恼。

有意外的功效，他认为此一概念，实为人类与生俱来的一项本能。但英国人类学者 Malinowski，B.K.也曾就南太平洋岛屿母系社会的岛民做了一项调查，岛民对姊妹所出的儿女保持着权威，对兄弟所出的儿女则非常轻视，因此这些受轻视的儿童长大成人后，对母方的祖父常产生强烈的反感，甚至对自己的父亲也产生敌意。由于上述的发现，有不少学者，认为若以南太平洋岛屿的社会为例，则弗洛伊德所倡导的"俄狄浦斯情结"的理论，就不适用了。关于这个问题，一九二○年他和精神分析学者 Jones，E.发生过一场激烈的争论，在学术上是非常有名的事件，可是弗洛伊德对幼儿期形成的 "俄狄浦斯（Oedipus）情结" 的概念，Malinowski 对于这一项南太平洋岛屿的儿童，在各时期的成长对父亲与母亲，以及对母方的祖父等人互相之间的关系，并未作详尽的记述。Jones 对于这点并未加以指摘，由于他是站在拥护精神分析的立场上，故也不拟作激烈的反论。从而对于 "俄狄浦斯情结" 对幼儿体验是否是人类与生俱来" 这个问题，直至今天还未找到一个答案。

一九六四年，Parsons, A. 发表了一篇题为 *"Is the Oedipus Complex Universal？"*（in Hunt, ed.1967）的论文，对南太平洋岛屿的资料再加以检讨。她的结论对精神分析学者或文化人类学者的研究，颇多珍贵的提示。简言之，弗洛伊德对患者在父权优势家族生活中所产生的 "俄狄浦斯情结"，这项概念在南太平洋岛屿的社会是不存在的。在各样各色社会中成长的儿童，事实上，其中有些是由性的冲动塑造了方向，但也有一些是为权威态度而形成的。

不特限于 "俄狄浦斯情结" 的一个问题，在精神分析的分野中，它所假设的 "人类与生俱来" 概念之检证等，都是有赖文化人类学者和精神分析学者共同协力，才能获致圆满的答案。Caudill, W.是稀有的一个学者，一人兼有精神分析学与文化人类学两个学位，他曾就日本育儿与教养做过实证的研究，只是他志未酬便很早去世，实为世界学界的一个重大损失。

4. 结语

在二十世纪七十年代的学界,有些学者才开始对育儿与教养的问题就"生物的"与"文化的"两方面做了一些调查与探讨,以及"生物"与"文化"在交融接点所担任的重要角色。其次,是在各种社会人类与生俱来行动的幅度中,依文化的差异所产生的类型,思考与认识的类型,以及情绪类型,关于上列诸种现象,目前从事这方面研究的人不多。有关这方面的探索,均有待文化人类学、心理学、精神医学、灵长类学以及生理学等的关联领域共同来研究,而后才能获致更进一步的定论。

参考文献:

· Hallowell, A.I., Culture and Experience, University of Pennsylvania Press, 1955.

· Hunt, R. (ed.), Personalities and Cultures, The Natural History Press, 1967.

· Le Vine, R.A., Culture, Behavior, and Personality, Aldine Publishing Co., 1973.

· Li Ving, R.A., (ed.), Culture and Personality, 1974.

· Mead, M., Coming of Age in Samoa, Morrow, 1928.

· Mead, M., Sex and Temperament in Three Primitive Societies, Morrow, 1935.

20. 宗教心理与伦理

1. 何谓宗教

宗教（religion）一词，在一般人的概念中，大都保持着超自然观，诸如神灵、精灵、咒力等观念，同时也随伴着仪礼、惯行的体系等，故宗教实为构成一个社会文化最重要的要素。

依照宗教的传播、分布的范围及其性格，可以大致分为："部族宗教"、"民族宗教"、"世界宗教"。依其发生，前二者曰"自然宗教"，后者曰"创唱宗教"。若依照其构造机能，尚可分为"原始宗教"及"古代宗教"等。部族宗教与原始宗教是依照不同的分类规则而予以区分的。即依其性格、构造、机能的及其形态的不同而予以划分，也有些学者把它纳入"民族宗教"的范围来处理。

在文化人类学（社会人类学）中，对宗教的研究对象主要为部族宗教及原始宗教。故此本文重点，乃为记述原始宗教。

一般原始宗教为迥异佛教及基督教的世界宗教。原始宗教是没有"教祖·开祖"等概念，同时也没有文字化的"教义"。它在宗教的领域和其他文化诸领域是未分化的、重叠的、混淆的。换言之，宗教仪礼与经济活动是重复的，"祭礼组织"与亲族组织或阶层组织是同一的。甚至 "宗教的职能者" 与政治的指导或统治者也是同人。

原始宗教，原则上是指原始（未开化）民族（部族）的宗教而言。可是，原始宗教并非完全不存在于文明社会或高度文化民族的社会中。反之，现代文明诸民族所传承"民俗宗教"的诸要素,它的性格、机能与原始宗教实是共通的。因此,如果没有原始宗教的知识,对于一个民族、社会的宗教文化是无法理解的。

即以日本为例,日本原是一个佛教的国家,但民众依其教育水准的不同,其时对于宗教问题,尤其是对原始宗教的词汇诸如"animism"(有灵观)、"anima"(灵魂)、shamanism(巫师)以及"witchcraft"(巫术)等的概念,在措辞的使用上,就会感到十分困难。因为它是依地域的不同,原始宗教的诸种要素包括民族的传统,并由其构筑成为世界宗教或民族宗教的实质的构成基础。

2. 超自然观的特色

原始宗教的超自然观,相当于世界宗教中宗教思想或教义。原始宗教属于具体的、现实的;世界宗教则为抽象的、观念的。通常,超自然(super-nature)的存在,是和人间相互交流影响的结果。超自然观的发展,是依不同民族、社会、人间生活方式不同而异。

超自然观又可分为两种:其一是对超自然认为有人格的存在;其二则认为非人格的存在(或多或少非人格的存在)。这样予以区别固然不是绝对的,因为它也常因社会的形态与仪礼的不同而有不同的看法。

人格的超自然的存在,基本是"灵魂"(soul)与"精灵"(spirit)。灵魂基本的特征,在生命原理的观念上,它是寄宿在人的躯壳中,而且也会脱离躯壳在空间游荡,它是和生死、病患、梦等诸观念结合,构成多样的"灵魂观"。

精灵是灵魂观念中不论对于生物抑或非生物都有精灵存在的可能, 亦即指存在于人间以外的一种灵魂。根据 Tylor,E.B.的解释,人间的灵魂,死者的灵魂叫"死灵",人间以外所存在的灵魂,一概呼之曰"灵的存在"(spiritual begin), 灵的存在的信仰, 乃为有灵观(animism)。可是,此等灵的存在的灵魂、死灵、精灵在学术上,虽然加以区分但在原始民族的社会中,他们对上述三者独立存在的概念并不像我们这样复杂。

但有极例外的民族,如中南半岛的 Tai 族,对人间的灵魂叫"khwan",精灵叫"phi",khwan 是灵魂或生命力的总称,phi 是精灵、祖灵、死灵、魔女、妖怪等的总称。至如 Rao 族的 khwan 一词,它不特付宿于人间,它有时也会付宿于稻米、树木、动物或舟楫里。又如台湾的泰雅族(Atayal)的"utux"、"alutux"等语,它包括神灵、灵魂、死灵、精灵、灵鬼等广泛的意义。上列有关灵的存在的名词,其内容含义是依地域、社会不同而异。因是,为了解灵魂、精灵的定义,如果只就观念的一面来加以分类与整理,是不够的。我们还需对它的社会背景以及人际关系的脉络加以检讨,才是最重要的。

对于超自然的存在, 如果认为是非人格的要素时,与其认为是存在,毋宁是在强调"力能"(force)的方面,诸如"超自然力"或"咒力"的表现,当较为妥贴。关于非人格的"力"的观念,Codrington,R.H.对"灵力"

"mana"的研究颇详。

在大洋洲的米拉尼西亚以及波利尼西亚所称的"mana",它的观念普遍是指非人格的"力",寄宿在神、人、动植物、自然现象、自然物体、人造物品等之中,而且能从一物转移至另一物体,亦即指一种普通人类体能所不能达成效果的综合力量。并且将"精神的力量"、"巫术的力量"、"超自然的力或影响"与"灵力"一词相对等。

然而灵力虽存在于一切物质之中,但它是属非体质上的,在某方面却是超自然的。人间如果 mana 附在他身上,由于 mana 的力量,他就会成功地获得酋长资格,当酋长衰老而不能发挥他的能力时,原因是因为他丧失了 mana,因此他的声望和权力也随之消失。

此等 mana 的观念,表现在酋长、战士、巫师等个人的能力上,同时一个社会的秩序,也是 mana 的观念来维持与团结。

上述的超自然的存在或"力能",可以区别为人格与非人格加以考察。非人格的力能常与人格的灵魂、精灵观念相结合出现。灵魂、精灵、mana(灵力)常常会影响个人、社会的幸福或带给社会灾难。由是灵魂、精灵、mana 观念,很自然地渐次就和"禁忌"(taboo)观念相结合。

3. 宗教的职能者

人类对于生存上所遭遇到的祸福,都归因于超自然力所造成的,为了要应付这个现实的原因,则在超自然界与人间界之间,必须要有一个职能者来做沟通。

宗教上职能者的种类,依其性质,以往就有很多不同的见解,一般大致可分三类,即"祭司"（prist）、"巫师"（magican）及"萨满"（shaman）。祭司是指一般祭祀上的执行者;巫师或为咒术师,他用巫术来对付环境作可能的控制,俾达成其信仰目的;萨满是占卜和担任医病,并自称有神灵附体及控制灵魂法术的人。上述三者尚依社会、文化构造的不同而稍有差异。目前在各种部族中,上列三者有独立的存在,也有不少是尚未分化的。祭师和巫师,巫师和萨满有时是兼具同一的工作。

依照他们的工作与机能,一般而言,祭司乃以人格的超自然的存在,施行供仪、祈祷等,专为公共的和永续的实现其功能。巫师是以非人格的姿态而存在（咒力）,他是以咒力现实地和具体地解决问题,借以收到个人的、实际的功效。萨满以直接媒介姿态接触超自然的存在,即与灵界和人间界之间直接沟通。目前也有不少名称如巫医和托宣等其基本性格与功能都是和巫师或萨满等意义是重复的。

4. 宗教仪礼

人类对于超自然的存在,透过宗教职能者施术时,逐成为一种具体的、象征的行为,所谓宗教仪礼。并由个人或集团参与,借以完成一连串"咒术"——宗教上惯例的事。

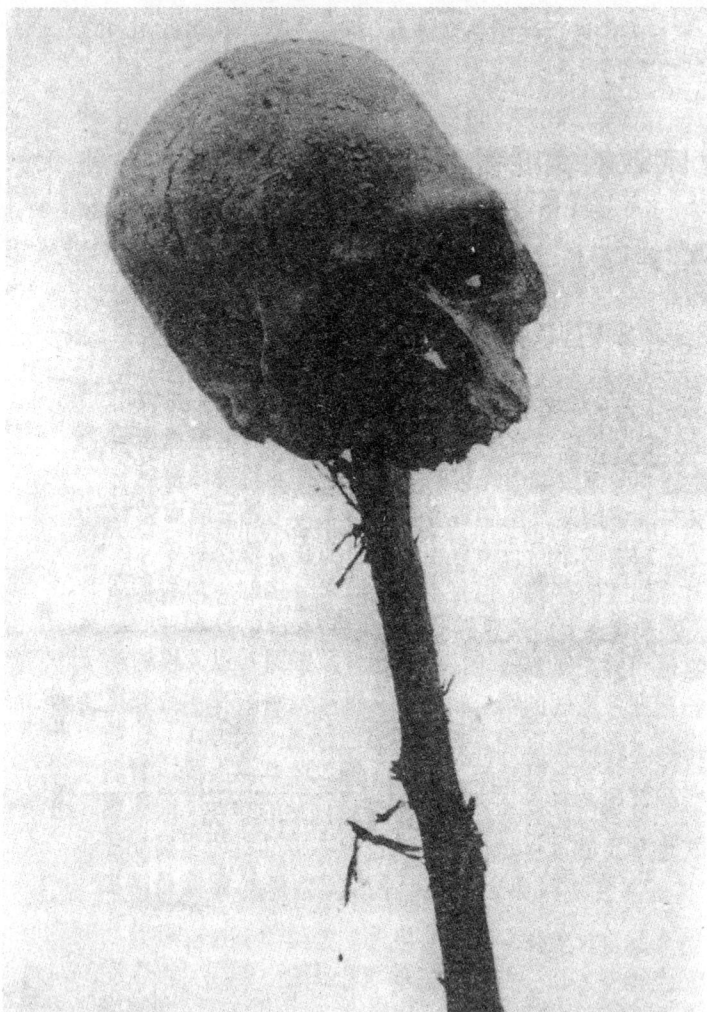

鬼灵信仰是指鬼灵崇拜（ghost worship）。据 Spancer 的意见认为 "鬼灵信仰" 乃宗教的起源。在原始社会中，特别尊重有英勇表现的祖先，最终视为神明。由于祖先崇拜和对鬼灵的畏惧心理相结合，因而演变成为宗教信仰。图示一般猎头族猎取人头后，藏诸头棚或丰以木杆，它的含义并非泄恨或对自身的夸耀，而是对死者畏惧，并带慰灵之意。

举行仪礼的机会,一般为个人的诞生、成年、结婚、死亡等所谓"通过仪礼",如属于社会,则为战争、狩猎、农耕、渔捞、酋长就任、家屋新建、祖先崇拜等。在低陋文化的社会中,对公私两方生活上发生所有的事,大都带有咒术——宗教的意味,即仪礼主义的性格很强。

在原始社会所举行的仪礼中,依施术人的意识,尚可区别为"积极的仪礼"与"消极的仪礼"。礼拜、供牺、祈祷等,即主以人格的对象如叹愿、归依、感谢、赎罪等的感情表现属于前者。此外如禁忌、苦行、拂净,禊袚等的训练与戒慎,为人净化人物或场所,主为非人格的咒力关系,乃属于后者。

上述的超自然观、职能者、崇信者、仪礼、习惯等,是和一定的社会及文化有密切关联,从而构成了有组织化的邪术信仰、妖术信仰等原始宗教的形态和制度。

5. 咒术——宗教生活的诸种样相

大凡在原始社会中,认为人生不论任何方面,都是与超自然有密切关联。尤其是在日常生活中所发生的事故或灾害,都以超自然作解释。从而形成生活中的不安、恐怖、疑虑等与超自然力存在的信念。

根据 Middieton, J.的报告,非洲的鲁古巴夫族,他们对于幸福与灾祸的神秘原因,深深地占据着日常生活中的行为,因是死灵、妖术者、邪术者、神灵等,遂成了鲁古巴夫族人生观中重要的意味。

社会生活的领域,可以区分为两种:一种是支配在

Humorous figures are from a cave region in a high mountain meadow in south central California.
A total of six caves bore several hundred of them.

Figure in red, black, and white is about five inches high and is from area of the Seape River near Santa Barbara. Site had more than 40 odd figures.

艺术的创作,在于此一族群在其血液中是否带有艺术的细胞而定,实与自然环境或文化高低无关。图示一向为人类学家所忽视的美国加州 San Rafel 山中的岩画,所作半抽象形态,兼具意识和下意识。

人为的秩序下；另一种是超越人间的秩序而被支配着。诸如天变地异，生灭起伏等非人类所能抗拒的变化，在原始社会中，都把它归于精灵领域与神秘力之所致。在南印度的原住民，他们对感冒、头痛、腹痛、淋病、梅毒、流产等都认为是超自然存在之所致。天花与霍乱等瘟疫，则认为是触怒了女神之所致。因是，他们用医术施行治疗，同时也举行对神灵的抚慰和祈愿。

6. 宗教心理与伦理

宗教是在超自然领域解决人生问题的一种文化形态，但在解决问题的过程，它是有一定的伦理手续。例如萨满有多种的角色，主要有治病、预言、托宣等。萨满治病所行的仪礼，可大别为两种：一种是因为病者的灵魂迷失在"他界"，萨满要从他界把灵魂找回来，再附回在病者身上，因此，萨满的施术，与"他界观念"或"世界观"结合；另一种情形，即病患者因被灵魂附身，萨满则举行"被术"把恶灵驱走，施行此等仪礼时，萨满势必应用"心理"来进行——伦理的展开。

换言之，关于为什么会生病的问题，萨满势必根据一定的伦理来施行仪礼，同时他也要召集与患者有关的亲族一起到现场来，增加患者对他的信心。萨满跳舞时摇动他的身体，也不是随便乱摇的，他一切的举动都是依据该社会超自然观与参集者的心理来行动。Ie-vi-Strauss, C.对于"咒术信仰"解释如次：（1）术师对他自己的咒术必需抱有信心；（2）患者对施术者的能力，必需抱有信仰;（3）咒术受到族人的信赖与支持。

参考文献：

·古野清人,《原始宗教の构造と机能》,有邻堂,1972。

·岩田庆治,《カミの诞生——原始宗教》, 淡交社,
1970。

·竹中信常,《ダブ——の研究》,山喜房,1977。

·吉田祯吾,《魔性の文化志》,研究社,1976。

·Beatti J.,Other Cultures, New York,Free Press,1964。
（蒲生正男·村武精一译,《社会人类学》, 社会思想
社,1668）

·Comstock,W.R,Religion & Man:The Study of Relig-
ion & Primitive Religions,New York,Harper
and Row,1972（柳川启一监译,《宗教——原始形能
と理论》,东京大学出版会,1976。）

·de Vries,Jan.,The Study of Religion,New York,
Harcourt Brace Jouanovich,1967.

·Duvkheim,E.,The Elementary Forms of the Religious
Life.New York,Free Press,1965.（古野清人译,《宗
教生活の原初形态》上·下,岩波书店,1941~1942。）

·Evans-Pritchard E.E.,Theories of Primitive Religion,
New York,Oxford University Press,1965.（佐佐木宏
干·大森元吉译,《宗教人类学の基础理论》,世界书
院,1967。）

· Frazer, J., The Golden Bough, 13 vols, New York, St. Martins, 1890~1936. (永侨卓介译,《金枝篇》全五册,岩波书店,1941。)

· Goode, W.J., Religion Among the Primitives, New York, Free Press, 1951.

· Norbeck, E., Religion in Primitive Society, New York, Harper & Brothers Publishers, 1961.

· Tylor, Edward B., Religion in Primitive Culture, New York, Harper & Row, 1958. (originally published in 1871)

21. 神话

1. 何谓神话

神话（myths）一词，乃源自希腊文 mythos，初时系指 "寓言"、"民谈"、"传说" 等意。其后，则渐次与 "logos" 及 "historia" 形成对照，意味着 "现实的而带神圣" 之意。

神话有许多类型、系统和表现法，同时依其构造与特性的不同，而有各种各样，而且非常复杂的机能。因是，神话的一门学问，除了专事研究神话的学者外，一般人对它的定义和了解，是一件很不容易的事。

大凡神话，都不是单一自体的存在，而是与仪礼、信仰及社会组织有密切关联。因此神话也可以说是在文化中，属于颇为复杂的一项要素。故凡研究神话，甚至要涉及人类学、民俗学、社会学、宗教学以及心理学诸种学问。

如果我们认为神话只是神圣的故事，它所描述的不是 "历史的事实"，而是一种 "脍炙人口的神秘传说" 的话，那么，这样的定义，必定很难得到学者们的同意。

依照 Kerenyi, C. 对神话所下的定义："神话是最原始的故事，它最少也是一项最原始的传说"，换言之，所谓 "原始"（primitive），就是神话在概念上，乃最具有本质的一项特征。

此之所谓 "原始"，它是站在论理的优位，但属非时间的开始；换句话说，它是相当于 "原理"（proton）和站在时间顺位的优位，而有兼具时间论的开始。再详言之，亦即兼具 "始源" 的双重意义。从而对神话所描述的事物和事象，它都是有"曾经存在过之事态的一种根据"，故此它也是具备着存在论的任务及其主要目的。

神话在原始发生的时候，譬如，人最初是怎样发生的？最初一种混沌的空间，又是怎么发生了一个具有秩序的宇宙？世界上的动植物怎样会生长出来？善与恶又怎样发生的？上述种种神话出现的行为，都是由于超自然的存在而产生的。现今人类因为没有超自然观念，故没有能力产生同样的行为。换言之，神话实为"超自然存在的创作主题"。

因此，我们对于神话中某一可信度的叙述，遂构成了历史的一部分。初期有一部分的哲学家对"Homeros"神话，认为完全是一项虚构而加以批评。假若像他们认为神话完全不可置信而失去"现实感"的话，这不能不认为他们是一种偏见。事实上，在相信神话的社会里，神话和现实实有深远的关联，即在神话的存在背后，必有某一种的意味予以支持，因此神话遂成为社会"历史"的一部分。析言之，它必系在远古时，原初实际所发生过的一项事实。因此，它也意味着，如果你否定神话。反过来说，同样你也就否定了现在。再详言之，由于"现在的秩序"是神话中所揭示的结果，如果把它否定了，不就是把现在宇宙的秩序，最原初的基盘和前提，全部都否定了。

在神话中，有关男女区别的起源，在今天的确存在着。生与死以及善与恶，在我们的世界中，也是确实地存在着。从这些事实，正是印证了它的真实。如何认为神话

人类为了要探究宇宙万物的秘奥,因此产生了神话。自然民族叙述神灵或人类与大自然的关系、主要内容,常具有一种宗教价值。因为神话就是原始心理的表现,而原始心理又极富宗教观念,神话和仪礼(祭仪)都是宗教的工具,神话能替人类信仰寻出解释;仪礼可以增强信仰力量。

神话是叙述神灵或日、月、星辰和天、地的故事,它往往是用最原始的方式,描述族人和大自然间的关系。神话与虚构的小说不同,它常与史实相混。故神话在原始社会中,不是休闲的故事,而是一种历史教育。图示所罗门岛一位长老为下一代讲述猎头的神话故事。

是虚构，而我们又用什么更好的方法来说明这些男女、生死和善恶的现象呢？

人类本能的行动有异于其他动物，因为人类能操语言和思考，对事物有把握论理的能力，对各种现象都有说明的体系。至于今日在西欧社会中，虽然因科学的昌明常用科学方法说明体系来代替神话，可是，还是有不少学者最终回归于宗教，这是屡见不鲜的。

最近在人类学研究中，颇重视神话理论的说明体系，学者们深深感觉到，如果否定了神话，同样地也否定了世界的秩序及思想体系了。因此在各种社会中，我们无法不承认神话是真实的。

2. 神话·传说·民间故事

许多学者曾经对神话、传说和民间故事作类型上的区别，可是都发生了困难。最大的原因，是其所在的不同社会里，有不同的含义。亦即某些用语，在某些社会中，和我们的解释完全迥异。我们为了对它的"故事"易于了解，在作业上，只好把它作为一种假说来研究。

可是，如果要神话和传说做一个明显分别的话，传说乃与神话不同，它的特征，即传说所描述的不是原初的故事，而常用于原初与现在之间的时期中，实际所产生史实事态的确证。其中或有包纳一些神话的要素或形成神话境界的领域，因此两者是很难作明确的划分。

所谓民间故事，是迥异于神话与传说的性格。典型的民间故事，大都带有教诲和娱乐的成分。故事中的登场人物,有人、有动物,甚至有神的变身。神话在听者可能会产生某一程度的真实性,可是民间故事则反之,民间故事虽然常带有神话思考的作用,但它的内容,与其说是事物与现象的起源,毋宁说是现存社会人际关系与信仰的凝缩投影。例如在民间故事中,对食人行为、近亲相奸或渎犯某一禁忌,都用现存社会的诸种关系或诸种观念,来说明它的报应和结果。故民间故事在表面上虽为娱乐性,但其内在则多潜有劝世之意。因此,神话与民间故事,其立场完全不同,而机能也不一样。

3. 神话的分类

由于神话内容有多种,因此对神话下一个定义是非常困难的。近年有些学者,认为神话本质的特征,在"原始"时已存在,故对起源神话为中心而加以分类:(1)宇宙起源神话;(2)人类起源神话;(3)文化起源神话。

(1)宇宙起源神话

这一类型的起源神话,有以"超自然的存在(创造神)的方法作为创造宇宙"及"由某种原初物质自发的发生宇宙"等两种类型。前者的神话,见于新西兰、北美、西伯利亚、亚洲内陆、东南亚等广泛的地区,如创造神等神话。后者的神话,则见于波利尼西亚、旧大陆、东南亚、非洲等地域,宇宙是从卵诞生来乃其显著的一例。

(2)人类起源神话

人类是怎样产生的神话,乃属宇宙起源的一部或为它的延长。创造神的神话中介入人类产生的故事,常见于世界各地区。动植物是由卵生的神话,见于东南亚、北亚、北欧等地。人类产生自超自然的神话,见于古印度、中国、非洲、波利尼西亚。

(3)文化起源神话

此种神话,常包纳人类文化的全部。其主题多与天体或自然有关,即在神话中有动物、植物、水、火,甚至涉及日常的器用和祭具等物质。

4. 神话的研究

神话研究的历史颇为久远。自罗马时代开始,就有不少哲学家和史学家研究埃及和希腊的神话。Heraclitus 曾就神话的寓喻做了很多的研究,Euhemerus 对神话史实的研究、神话中诸神的比较、构造论、仪礼主义的解释等提出了很多见解,Plutarch 为近代神话研究最知名的先驱者。

近世关于神话的研究先驱者,尚有意大利哲学家 Vico, C. 和德国 Creuzer, F.、Muller, K.O., 迄至十九世纪后半叶,继由 Kuhn, A. 及 Muller, F.M. 二人奠定了基础,他们成为印欧神话的比较及对神话解析最初的一个学派。

其后英国 Lang, A. 更基于 Tylor, E.B. 的"有灵观"发展为宇宙要素的人格化的学说。

迄至二十世纪,Siecke、Winckler, H. 及 Stucken, E. 三人,为研究神话与仪礼的著名学者,通称"泛巴比伦派"(Pan-Babylonia School)。

另一方面,在英国的人类学者和民俗学者 Frazer, J.

BIMA THE CURLEW

When Purukupali heard that the death of his son was caused by the conduct of his wife Bima and her lover Japara, the rage of the father was unbounded.

After striking his wife over the head with a club, and hunting her into the jungle, he attacked Japara. The two men, locked in a deadly struggle, fought for hours, each wounding the other so severely that they finally fell to the ground exhausted.

When Purukupali, recovering slightly, walked into the sea with his dead son and drowned himself a great change came over the world.

Japara became the Moon-man and rose into the sky, the wounds made by Purukupali still visible on his face. Bima, mother of the dead Jinini, was changed into a curlew who even now roams the forest at night, wailing with remorse and sorrow over the loss of her son and the calamity she brought to the world.

神话是传说和宗教信仰兼具,主要讲述一些神灵,是人类早期对自然现象的讲解。日、月、星、天地及人的身后生活,这些都是产生神话的起源。神话在人类学上有一种共同的了解,即是有关神祇、宇宙与人之本质与意义等的叙述故事。图为 Charles Mountford 著 "The Dreamtime" 澳洲土著神话书中的插图和故事。

G.及 Harrison,J.以民俗学资料为背景,发展了 Muller,F. M.的自然神话学说。

可是,此一"自然神话学派",一度因在美国和英国

197

同时发展田野调查为主的文化人类学及社会人类学的
非进化论的社会机能（构造）的流行，使此一门学问显
著的衰退。

近年有部分学者，由于受到 Dumegil，G.的神话与仪
礼构造分析学说的影响，使"比较神话学"又重新兴起。

上述的神话研究，不论它是否受到学界的肯定或否
定，在目前，独自对神话研究的学者，为数仍然很多。例
如以社会学的见地来研究神话者，有 Durkheim，E.及
Eliade，M.，以现象学的立场来研究神话有 Leeuw，G.，以
心理学的研究来探讨的有 Freud，S.Jung，C.G. 以及
Levy-Bruhl，L.等人。以本质论探讨神话者有 Kerenyi，C.
及 Cassirer，E.等，上述诸学者，对神话的研究都有重要
的贡献。

参考文献：

·Bulfinch，Thomas. Books of Myths，MacMillian，1964.
·Grimal，Pierre，ed.，Larausse World Mythology，Putnam，
  1965.
·Larausse Encyclopedia of Mythology.ed.，by Felix
  Guirand，Prometheus Press，1959.

22. 文化人类学
与艺术研究

在文化人类学中,既往对于艺术研究的资料并不多见。站在民族学的意义上而搜集艺术标本,也不过开始自十五世纪。实际上,例如关于非洲音乐的调查与记述,即使在十七世纪,也只有一些零星记载而已。

德国民俗学家 Grimm, J. 在十九世纪初叶对原始部落的口传文艺做过一些研究,其次是 Baker, J. 在一八八二年发表过一篇《北美洲原住民音乐》的田野调查报告。迨至一八六九在西班牙发现了 Altamira 洞窟以后,从此在考古学上,对旧石器时代或对冰河时代史前人类的艺术创造才开始关心。

关于自然民族原始艺术的研究,在人类学以外尚有 Haddon, A.C. 以进化论的立场推论 "艺术的进化"(1895),Wundt, W. 曾经发表过一篇 "民族心理"。可是,从人类学者已有体系的研究,除美国 Boas, F. 在一九二六年发表他的一本《原始艺术》(Primitive Art)之外,其后就很少看到人类学家有类似的研究。

艺术大致可以分为时间艺术(文学、音乐),空间艺术(绘画、雕刻、建筑、工艺)与时空艺术(戏剧、舞蹈)等三大类。上述三类的艺术在人类学中,对于原始舞蹈或戏剧的研究,尤为稀见。

1. 艺术与进化

在一世纪之前,艺术从写实趋于表现主义(expressionism)的进化倾向非常显著。关于这个现象,有些学者认为是受到人类经济形态进化而进化之所致。

艺术一词,也许永远让人们为它的本质与历史的来源提出争论。什么是美?为什么我们爱美?我们姑且避开冗长的论调,美当是一种形态所具的质,使视觉会感到愉快,因而被称为美。其次,美好之物可能最初起自思慕的对象,后来,美感的意识就产生了强烈与冗进的性欲,便将这美的气氛传遍到有关她的每一样像她形状的物体,所有能装饰她,使她满意的,这些都是美好的。图为 Masai 族妇女。

例如在旧石器时代,人类在狩猎采撷经济的情况下,艺术都是属于咒术的心性,因此产生了写实的绘画。迨至新石器时代人类进入定居农耕与有灵观(animism)的心理,因此产生了象征性的作品。

　　Read,H. 把新石器时代所发生的抽象的几何文(geometric form)更分为两大类:其一是属于技术的演变过程发生出来,是一种无关心、无感动的装饰性艺术;另一种是以象征为目的来做决定的企图性的艺术。但是也有一部分自然民族的艺术,大都不是从观察中依据现实来描写,而是依靠概念来造型。此等艺术,从图腾柱和面具就可以看到艺术的创作,几乎都是属于象征主义的。在蒙昧社会中,更盛行着色彩象征。因此原始艺术其进化方向,只在写实性和象征性以及使用色彩为其形式,而非着重于自然描写能力上的问题。

Mumford,L.曾谓"艺术"一词,原本与技术同义。所谓技术,就是企图以某种方式,或者某种方法借以做成一体事物,例如工程技术和职工技术等,都含有技术的意义。然而技术在文化人类学中,它所指的技术并不仅仅包纳实用性的意义,而且还包括对"美"的满足。人类为什么有美的操作行为,或者把物体的形状加以修饰?我们对于这个问题,虽然还未能求得一个明确的答案,可是人类对于"美"的追求这种基本的欲求确实是存在着。只是,美的感觉是一种主观的东西,而且也因文化的不同而异,故此若要把"美"来厘定一个标准是不容易的。同时人类最初对于美的操作,事实上并没有美的意识,只是因为咒术或宗教的目的,而在物器上附添一些记号或在某一物体上加以修饰的操作。故此在原始艺术中,原先是宗教目的,同时伴以艺术的要素,最终遂成为一件艺术品而已。

在任何一种文化中,艺术大致是和它文化的技术能力对应而呈现的,例如攻石的处理、陶器的制作、青铜的铸造等,这些艺术都是和技术对应的作品;同时艺术的表现,与技术同样重要的,还有材料和思想。在原始艺术中,无不与其天然环境及宗教思想有关。即使旧石器时

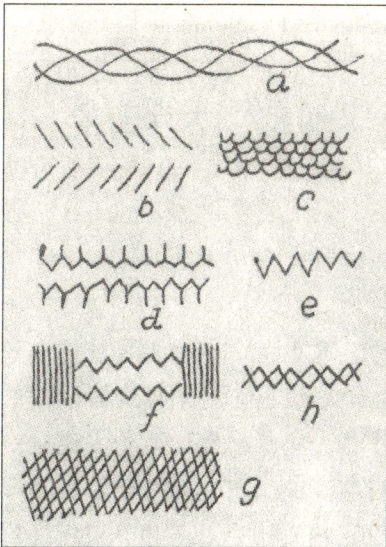

Mincopies 族的装饰纹样：a，用白垩画在弓背上的曲线纹；b,画在腰带上的人字复合纹；c，贝壳上的白鳞纹；d,f,妇人腰带和头巾上的白色花纹；e，弓背，独木舟和桨上的黄色及白色锯齿纹；g,镌刻在妇人腰带上的交织纹；h,画在盘文上的白色或褐色连续菱纹。（依据Grosse）

艺术的起源，当人类在狩猎采撷时期，乃发生自咒术，迨至新石器时代，从狩猎进入农耕的定居，才产生象征性或几何抽象的作品，故凡原始艺术，甚少具有自然主义的表现。图为菲律宾北吕宋Bagobo 族狩猎用的木雕媒鸟（wooden decoy），为原始艺术仅见的写实造型。

代冰鹿期的遗迹作品（Magda-lenian）都不出其例外。

2. 民俗艺术·职业艺术·大众艺术

关于艺术的分化乃与社会有密切关联。它大致可以分为原始艺术（primitive art）、民俗艺术（folk art）、职业艺术（professional art）及大众艺术（popular art）四大类。

民俗艺术是由具有艺术才能的人，依照传统样式来制作的艺术，它是产生自民众的习俗，诸如陶器、编织、舞蹈、山歌等。职业艺术是一项专业的工作，作者应是一个有自觉的人，同时也抱有以技术来完成一件作品的理念。其中一部分艺术家虽然遵循传统出发以达成最终的目标，但也有不少作者，以自身的创作来探索艺术的。大众艺术是应用一些和我们日常生活有关的熟识器物，利用它来作为艺术创作的一种题材。故此，与其说是这种艺术受到艺术的影响，毋宁说它只着重在和我们生活上有关的感情。至如原始艺术，则与上述三者有别。原始艺术一词，是指现存少数民族的艺术，而有别于民间旧俗的民俗艺术，两者实不宜混淆。大凡原始艺术都产生自咒术，它不似高等文化的民俗艺术而带有文化的志向，而只是企图要达到某种咒术上目的的一种实用性艺术，而且制作的动机（motive）大都取材自传说和神话，而与美的意识无关。

3. 艺术的普遍性与特殊性

关于艺术普遍性的问题，既往议论很多。如果把艺术的普遍性在审美的基础上做一个探讨方向的话，它与人类的 "体躯"（body）、"食物"（food）以及 "性"（sex）一样，是基于生理上的欲求，应具有一种共通性或者视它为属于生活上的韵律（rhythms），例如大自然因季节不同所呈现色彩的变化等，它就会成为美的一定的效果。但是，美的感觉，与其说是由于自然的经验，毋宁说它受到文化的影响更为显著。它的原因是因为人类的特色是喜爱常用象征（symbols），而象征的意义，又常产生自文化，而艺术则常常带有象征的性格。

艺术之中，它的象征性又常超越不同的文化，而具有一种共通性，使人们普遍地达到理解。例如发现旧石器时代的女性裸像以及澳洲原住民的男器崇拜等，对于其他不同文化的人类都能理解，这些都是它所具有的象征。但是也有属于例外的，例如北美洲西北海岸 Haida 图腾柱（totem poles），它的象征就易为外界文化的人所理解，故此许多象征也有文化的界限。

4. 默示文化的艺术

许多艺术之中，也有不少是创作它的人或参与它的活动当事者，他自身对它的意义并不了解的人也很多，这种艺术，所谓具有默示（implicit）的性格。例如台湾赛夏族（Saisiat）每两年举行一度的矮灵祭，从族人口中唱出来的歌，事实上他们并不了解它的意义，他们只

Asmart 聚会所内部入口两侧立置的守卫精灵像,木雕、涂彩,饰以羽毛为发,新
几内亚。

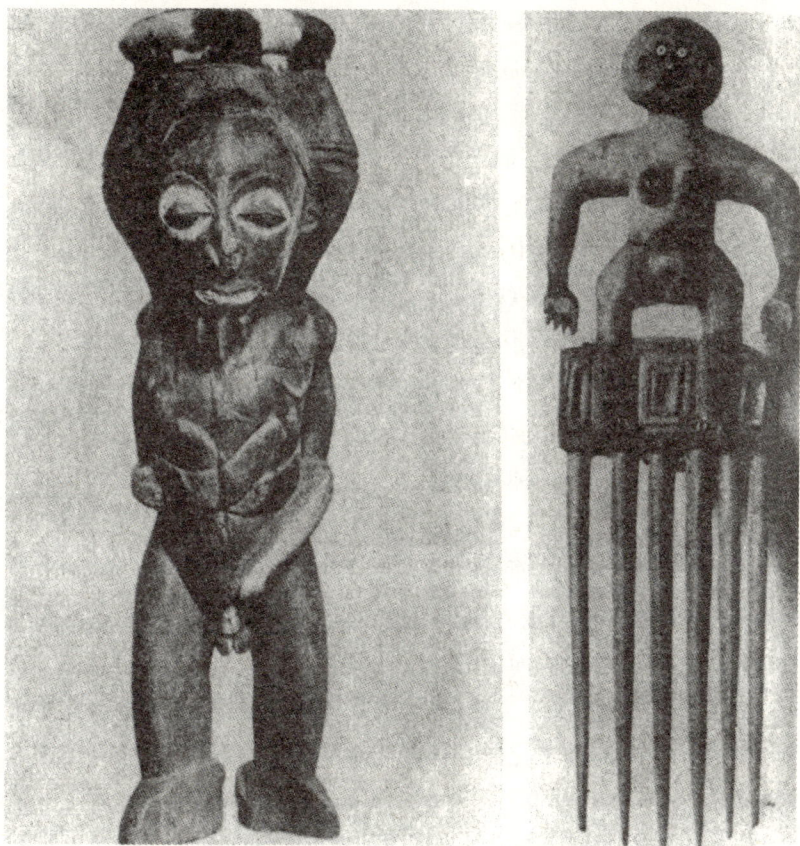

东非刚果地区的木雕精灵像及木雕发簪。

是深切地享受着传统文化那份深切的感情，缅怀既往的情绪，从心底抒发出来的那些韵律和调子而已。

根据弗洛伊德（Freud,S.）派的学说，认为大凡艺术的形式，如果带有这样潜在意识的表现，虽然在表现时对它潜在性并不怎样地强调，可是艺术的表现，与从文化传统中产生出来的那种无意识态度之间，却有一种密切的关联。故此，我们对各种不同文化，对于美的理想，在文化传达时，它无意识的侧面所呈现的艺术形式，乃依每一个人不同的态度而决定，换言之，即呈现出来的形式，乃依个人的潜在意识的不同，而扮演出感人和不感人的种种角色。

基于这样的理论，我们不难推知，大凡艺术的表现，在它的侧面，就是我们自身对于某种艺术表现的美是否能受容；或者以自身的经验，对异质文化的艺术表现拒否的原因而定。这种心理的倾向，对于音乐尤为显著。故此，关于美的意识，大都存有普遍的公分母，如果我们对异质文化要获得深切的了解，那么对它的感情势必要有很深的润色。一如 Schapiro,M.所说："艺术是在不觉紧张状态的个人的想象力，与传统的重复之间的一种不安定的均衡状态下产生出来的。"

5. 形式与气质

大凡艺术乃存在于创造者与大众之间。例如台湾的排湾族及雅美族的陶罐在同一村落中烧制出来的，在形式上都非常类似，他们大都依循传统的式样来制造，如

果一旦改变其形式，反而失去了原有精神性。正如
Leacg,E.R.所指出的,在自然文化中,我们要把他们划
分为工匠或艺术家是没有意义的。因为在民俗水准线的
文化和文明社会的文化不同。自然民族对于新奇的东西
并不重视。

自然民族的艺术家,他们的创造主要以大众为基础
而非个人的表现,由于此一原因,故更助长了艺术传统
的保守性。

原始艺术不特属于保守主义,他们对于形式原理中
的形、空间、色、线、调子、韵律以及均齐或平衡,这些一
切的要素,都是产生自内在的精神而加以组合的。故此,
所谓"一定的共通点",就是原始艺术形式的特征。

不论任何文化,其中都存在艺术的要素。故此第一
种文化,大都具有强调其艺术形式的倾向。例如巴里岛
（Bali）的雕刻、绘画、陶器、舞蹈、戏剧等,在表现上都
有多样性形式;至如非洲的 Masai 族,仅对于音乐、舞蹈
以及身体装饰方面较为热衷,而对于造型艺术方面则毫
无表现。类似这种的事实——所谓"艺术的气质",它是
因文化不同而异,与人种的属性差异无关。

6. 艺术的机能

艺术的机能（functions）,大致可以分为个人的与
社会的（大众的）两方面。前者的艺术活动是赋予创作
感,它的企图是对自身观念的一种表白。社会性的大众
艺术却是一种因环境变迁而来的新经验,彼此相互间的

南美洲 Yanomami 印第安在鼻端穿一木塞,两端饰以鲜红羽毛,其用意并非美的意识,穿鼻是在表现其勇敢以及求生能力,红羽是用以引诱异性的注意或吓唬敌人。其后由于心理学上所谓"恒常现象",习见久之遂成为"美"。

沟通感,或者对日常性所养成的"习惯"予以一种冲击与刺激的效果。换言之,大众艺术的功能,就是要使艺术现象脱离了惯常的竞争,而使我们把注意力转移在事物隐藏着一部分活动,亦即艺术都具有连带性的效果。例如集团的歌舞业,它就是由于以艺术的形式来提供的活动而获致合一性的一种象征。此等连带效果在宗教艺术中尤为显著。

艺术尚带有身份的象征机能。例如 Haida 部落中的图腾柱,排湾族的头目家屋的槛楣,北美平原印第安人头上的羽饰,都是表示他们在社会的地位。又如古埃及的金字塔,就是对身份夸示的一个例子。

所有视觉艺术大都包含着宗教信仰的要素,即使原始的音乐和舞蹈, 都是和宗教仪式同时发展而为一体化。

艺术是始源于艺术家 "孤独的活动"。一如 Benedict, R.所说:"社会理解他的艺术",然后把理解的那份理念纳入它的社会组织中"。在艺术的机能的另一面,当事者对于创作与自我的实现,同时也能享受到满足感。要之,艺术的机能,不论在原始社会抑或在文明社会,由于大众从艺术中获致"新的感动",因之也丰富了社会全体的意识。

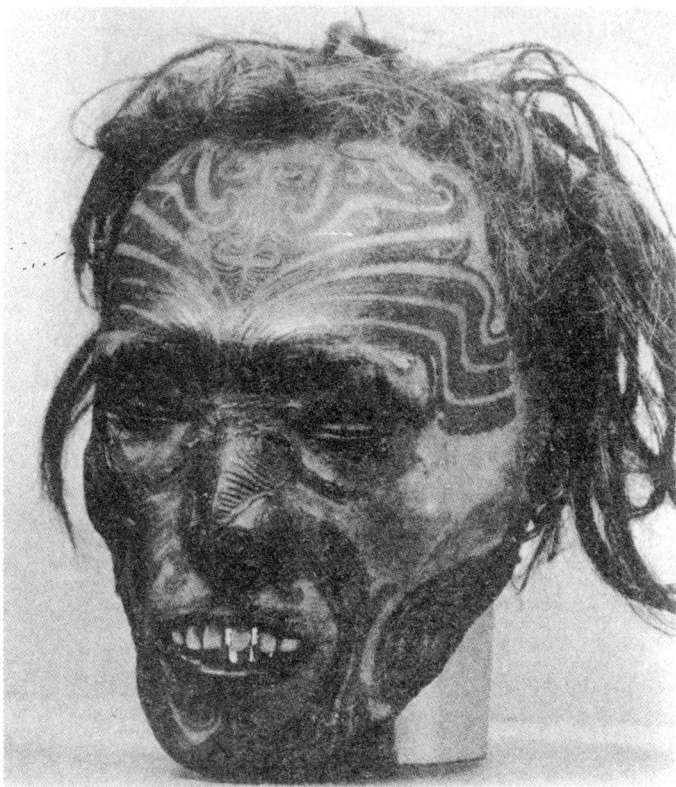

猎头民族把敌人首级留在部落里,在他们看来是一种道德和感情的表现。在自然民族中,道德观念与宗教信仰,刑法与生活习俗,大都混淆不清,是非与祸福观念,有时也互相混淆,即消极的抑制观念多于积极的砥砺观念。图示毛利人将一具有美丽黥面的首级,用秘密的方法熏制成木乃伊。

23. 文化起源与传播

1. 绪言

文化（culture）一词，在现代科学上含义很广，它是政治、经济、信仰、道德、艺术、文学、风习以及一切成为社会一份子的能力和习惯等等的综合体，为文化人类学上极端重要的术语，且属于历史民族学的一个课题。

Kroeber，A.L.对文化的界说，认为："文化乃包括各种外显或内隐的行为模式，借符号之使用而习或传授。文化的基本核心包括传统，即由历史衍生及选择而生的观念。文化体系虽可被认为人类活动的产物，又可视为制约人类作进一步活动的因素。"

上述的定义是指人类在意识上共同谋求生存的方式，是属概念性的定义。另一个定义是实质性的，指经过人工处理而产生的结果。在这个层次上的文化，因每个民族有他自己的一套特殊设计，以致各有不同。实质性的文化又可分为精神文化（spiritual culture）、社会文化（social culture）和物质文化（material culture）。

精神文化是一个民族人生观、超自然信仰等；物质文化是指饮食及日常生活。前者是无形的，后者是有形的。此外尚有社会方面的文化，是涉及一个民族的社会结构、家族组织、政治组织等，也是无形的。

在概念性层次上的文化变迁是演进的，即由低级演进到高级，由单纯演进到复杂。在实质性层次上的文化变迁现象，各个社会不尽相同。由于各民族性、人生观、价值观的不同，使得变迁的时间、速率和结果不一样。文化变迁的主题，即在于此。

2. 人类精神本质的同似性

西方在文艺复兴之前,对于异民族(pagans)的文化,都抱有很大的偏见,视它为一种畸形而荒唐无稽的行为。迨至近世,由于得力于科学合理主义的倡导,对于所有的人种,才归纳为"人类全体像"的位置。

在生物学上,所有人种都属于一个种属,且具同一的身体形质,这个学说是由 Von Linne, C.所确定的。他并且主张人类的精神本质具有同似性学说,其后再由德国的民族学创始者 Bastian, A.予以概念化和发扬。

Bastian 是一位热衷调查的人类学家, 他足迹遍及全球,对于世界各地诸民族间在文化上的差异中,发现了不少"类似之处"。这些在差异文化中的雷同文化,他认为正是说明了"人类精神的同质性"。详言之,即根据他的理论,大凡人类不论其人种的何属,不论他生存于哪一块地区,他们都具有一种潜在的而且共通定数的基本观念。此一基本观念, 他称之为 "原质思念"(elementargedanken)。地球上,在互相隔绝的地域中,不同民族的文化, 从独立发生以至到达某一层次或时期,常常会出现彼此间非常相似的文化现象,这就是因为潜伏的人类精神的"原质思念"显现的结果。

Bastian 对于各民族依其自然条件以及环境不同所产生的独自文化, 他认为是 "民族思念"(volkergedanken)所显现的一种特殊结果。他所主张的"人类精神原质的同一性"概念,原则上已获得多方学界的肯定,同时他也确立了人类认识的普遍公理。

3. 进化主义的独立起源论

十九世纪后半叶以迄二十世纪初,关于文化起源与发展的经纬,有两个极端不同立场且对立的学说。其一为"进化主义"人类学,另一则为广义的"传播主义"民族学。前者为站在进化主义立场概括探讨一切文化,而后者则为针对前者批判所发展的学说。

一如前述,民族学者对世界各地的过去与现在的各民族原住民的文化要素,曾发现甚多根本的类似点。Bastian 对此发生原因,说明系由全人类精神构造基底的原质思念作用所致。人类精神的素质,不论任何一个民族或人种,在本质上都是同一的,所谓:"心性均一说"(theory of psychic unity),类似此等文化,不论任何地域,都认为它是独立发生。此一学说,称"文化的独立起源论"。

精神素质的同似,与文化独立发生两种假说中,人类自太古以来,不论任何地域,文化的发展势必通过一定的阶段,进化论因此成立。故此,现今的文明社会与未开化社会文化的差异,只是进化进度上所产生的"阶段差",但同时也说明了在同一"进化阶段"中迥异的步伐而已。

Morgan 曾就所有人类、社会制度、技术、政治组织、经济等全体步调,进行野蛮、未开化、文明三阶段有名的进化度图式。Tylor,E.B.也曾就宗教起源的有灵观等进

石斧是人类最早的工具，它虽是石器时代的东西，但今日仍可见于低陋文化的现存民族中。在地球互相隔绝的地区中，不同民族的文化，自独立发生到达某一时期，通常会出现彼此之间非常相似的文化现象，例如上述的石斧或面具与文身等等。根据 Bastian 的学说，称此现象为"原质思念"。

化系列进行图式化,同时由文化传播所形成的发展可能性加以论证,也是在强调"心性的均质性"理论。他确信所有民族都具有进步的资质。但文化的差异,并非因文化的起源与样式不同而起,而是发生于发展程度上的差异而已。

Frazer,J.G.的"咒术先行论",Melennan,J.F.的"人类婚姻史"都是属于进化主义的人类学;反之,则为反进化主义的传播主义民族学,对进化主义颇多批判。迨至一九五〇年,美国认为文化是多系进化,因此有更新"新进化主义"的产生,它成为目下最有力的一个学派。

4. 传播主义的单一起源说

进化主义人类学,是在强调人类心的均质性,而且认为文化是多元的,并作平行的独立发生。至如在传播主义的立场,虽然对人类内在精神的均一性并未加以否定,但对人类的发明、发现的能力却加以消极的评价。即此派认为促进文化发展,绝非是发明或发现的力量,而文化的进度唯有依赖传播,这就是传播主义立论的前提。

(1)英国的超传播主义

极端的一元论的传播主义,出现于英国的二至三十年代,主要学者有 Smith,E.、Perry,W.J.以及 Rivers,W.H.R.等,通称"曼彻斯特学派"(Manchester School),他们认为世界所有的文明乃起源于埃及。因此,此一学派又被称为"泛埃及主义"(Pan-Egyptism)。由于此一学说对人类文化的创作能力过分短视,今日已不存在。

（2）德国的文化圈说

德国的文化圈乃以方法论为基础,对文化的比较基准,采用渐次的精致化。创此学派者为 Ratzel,F.,他探讨远隔地区的一项类似文化特质时, 对于它的文化财(道具) 本来的机能与目的——例如独木舟的木桨,它是否独立发明,抑或模仿或借用?道具本来的机能如何?桨上所描绘的文样设计与动机又如何? 是否有 "心的同似" 的平行的独立发明形迹? 或由两文化之间历史的接触,或者它是如何成立了发生的关系等等,而后才成立其 "形态基准"。例如 Ratzel 曾就非洲和米拉尼西亚的弓箭形态做了许多比较分析,于两者之间弓柄的交叉部位、弦的装设部位,矢羽的酷似等的构造之中,再找出它是否有模仿或借用等关系。

其后,Frobenius,L.应用 Ratzel 的基准理论,将历史的关联架构扩大,应用于文化移动、各文化特质传达的研究,建立全文化复合及许多有关的学说。即非洲与大洋洲,它的弓矢与形态、家屋、楯、面具、鼓等,两者之间不仅有许多相似之处,就连传说、神话等的精神文化,也有不少相似的地方。因此乃有认为可能非洲的文化乃传自大洋洲一种复合文化的假说。Frobenius,L.把这一理论导入统计的规准, 而建立了所谓 "文化圈"（culture circle）学说的概念。

5. 美国的波亚斯学派

以绵密的手法发展民族学的历史研究,应推美国人

画身（paint body）也许是人类最早出现的艺术。但画身的开始并非美的意识，而是男性向女性求爱时用以引诱女性的注意或用以吓唬敌人。人类的此种行为见诸非洲、大洋洲、澳洲以及东南亚各地。但此文化同时出现于各低陋地区，并非由于传播，而是"原质思念"的显现。图示澳洲内陆土著的画身（面部），胸部则为年轻时举行成年仪式所留伤痕。

"传播"是指人类在有次序的文化发展中,除发明而外,在各种不同的社会中所产生的文化相似性。可是在许多不同文化中,却常常不是由传播而出现了相同的文化。吸烟是北美洲印第安人开始的,而苏丹的 Lotuka 族人也吸烟,这无疑不是由于传播,而是一种"发明"了。

类学家波亚斯(Boas,F.)学派。他很早就立论"直线的进化"和"单一起源与纯粹传播"的诸种学说。他的基本态度认为:"与其确立规定一个全人类文化发展的普遍法则,不如先要了解各个文化的成长程序乃最重要。"他曾就北美印第安诸部族的文化分布,来探讨文化传播的实况,所谓他以文化圈学说的观点来做文化的类似研究,亦即避免依赖传播的单一原理,而对特定文化特色的共通以及连续的分布的了解,从而明确地认出文化的关联范域,所谓先限定于 "文化领域"(culture area)架构之内,而后再展开其历史发展的一种方法,采用这种研究方法,其结果是要唤起在文化类似现象中,对于在同一进化法则下所产生的平行发生,或由一方传播与移动至另一方,它所无法说明的所谓 "辐合"(convergence)发展,也可以引起研究者的注意。辐合一词,原为生物学上的术语,即不同的东西而具类同的形态的顺应所显示的进化意味 (例如鱼与鲸的形态上的类似)。其后,人类学借用这个术语,作为表示相异诸文化中的具有类似的文化特质、独立的生成及其发展等的用语。

这些美国人类学家,一方面去寻找分布在文化上传播的痕迹;另一方面也同时注意它的辐合现象,借以展开研究各个文化发展的动态分析。由于此一研究方向,因而导致深入的所谓"文化变容"(acculturation)的研究发展。

参考文献:

·シコミッ,ト,W.,大野俊一译,《民族と文化》,河出书房新社,1957,1970。

·ポワリエ,J.,吉野清人译,《民族学の历史》,文库ワヤヅコ,白水社,1970。

24. 民话研究与民粹学

民话又叫民间故事，英文作 folktale 或 folk fiction，日文作口承文艺，德文作 volkserzahlung，法文作 conte populaire。

今日，民话已经受到学术上的注意，把民话作为学术的研究，应推 Grimm, Jd.W.兄弟为最初的两人。诸如民话与神话的关系、民话的发生时期，原乡土、传承者与民话的关系、民话传播与原型（prototype）、民话的样式、民话的分类，他们两人都在民话分野上做过非常深入的研究。最近前苏联 Propp, V.出版了一本《民话形态学》，使民话构造的研究在学术上受到莫大的重视。

一九一〇年芬兰学者 Aarne, A.最初试图以"故事类型"来分类所谓芬兰派法（Method of Finnish School），继其后美国 Thompson, S.加以增订，出版 *A arne Thompson: The Types of the Folktale*（1961, EFC, 184），此书在今日已被世界研究者作为民话分类的标准。

日本于一九三六年，柳田也曾发表过民话分类试案，编印了一本《日本昔话名汇》，其中分为：

（1）"完形昔话"——带有传记的性质；

（2）"派生昔话"——笑话及因缘故事。

一九五八年日本关敬吾编有《日本昔话集成》，计六卷，内容分为三部：（1）"动物昔话"，（2）"本格昔话"及（3）"笑话昔话"，此一集作遂成为今日"日本昔话"的典型。其后更出版有英文本 *Types of Japanese Folktales*（Asian Folk-lore Studies, Vol. XXV, 1966,

Tokyo.），内容颇近以 Aarne–Thompson 的分类法。

关于口传民话，自中世纪以来，很多的故事都可以视为"说话文学"。例如日本民话"宇津保物语"、"落洼物语"、"伽草纸"、"钵かづき"、"蟹报恩"、"日本灵异记"等，在民话中，不只是日本最脍炙人口的口承文艺，而在学术上，故事的结构亦堪称为伟大的说话文学。

按照柳田国男对民话的研究，他认为"昔话"、"传说"、"笑话"虽然属于人类同一的精神活动，但都可以各自成立为不同的样式。关于欧洲对民话样式的研究，欧洲学者 Jolles，A. 最初著有《单纯形式论》，其后 Luthi，M.再根据其理论加以延伸，遂成为今日对民话样式分野的标准。

Luthi 对"昔话"和"传说"做了一些比较，认为昔话乃具口承文艺的性质，是属于一次元性与平面性，此种昔话的样式是抽象的样式，而且非常纯粹化。它不似"传说"，"传说"是没有普遍结合的可能性与世界性。

关于民话的构造的研究，前苏联学者于一九二八年曾经出版过一本书叫《昔话的形态论》（*Morfologija Skazki*），一九五八年曾译为英文出版，这本书颇受到西欧民话研究者的推崇。日本也翻译为日文 "民话形态学"，一九七二年由白马书房出版。这本书的结论，对多种的民话，在构造上计分类为三十一种类型，对古代信仰与现实的英雄人物，颇有许多新的见解。其后美国学者 Dundes，A. 将其梗概更加以明确化，提出新的术语

"Motifeme",而使民话中多样的现象,获得共通与单纯的构造。换言之,民话的构成,原是生活的发想(motif)的反映,其基本的构成乃为"Motifeme",由于它的结合,遂形成为文艺的统一体——一定的样式,它的功能,应是包纳传承者的社会的共通生活感情与发想。甚或一些下意识中的情感也包括在内。在民话中,对善恶常有明确的对照,或者穷人和富人的对照,善者得福恶者天罚等等的日本民话,都是出自日本人生活中的发想与民族信仰的关联。

诸民族间民话比较研究先驱者有芬兰 Krhn,K.以及 Botle,J.二人,其后 Grimm 兄弟二人把各国许多民话加以注释,并将"Motif"加以记号化。前者的方法,是以地理及历史学的方法为基础,从欧洲各地采集了许多类话的 Motif 加以分析和比较,推定其相对的年代,作为判断其原乡土及原型的方法。今日欧洲对于民话比较研究,大都以此一方法论来做基础。使用这个方法,从各地采集类话的数目乃具有重要的意义;可是它也有缺点,类话有时是偶然收集得到的,如果搜集不齐全,就会影响到最终的结论。

若要采集目前诸先进国的民话是颇为困难的。俄罗斯近年已开始积极从东欧诸国、中东和近东以及亚洲诸民族中采集民话,这个方法颇有前瞻性。据称先进国家与后进国家之间,由于优越感的影响,对类缘性的研究颇多障碍,因此目前在国际上组织了一个"国际口承文艺学会"(International Society for Folknarrative

民粹（volkstum）是指俗民（folk）或构成此一民俗的全部性质和文化成就。换言之，是指民俗所具有的一切，包括它的本质、活动和生命，经由这些，一种具有俗民性的思想和感情，支配着所有民俗的每一方面。民粹学为民俗学的一部分，即民俗学的概念较广泛，而民粹学则在有限的民族背景下所作的民俗文化之研究。例如专门研究澳洲沙漠里土著的思想和情感，爱与恨，固可称其为民粹学。图为澳洲沙漠里一个土著远望茫茫似海的沙原在遐思。

Research）。现任会长西德 Ranke, K., 他正利用此一渠道, 以期克服这项困难。

　　近世尚有所谓民粹学（volkstumskunde）, 英文作 "the science of the folk", 就是针对上述一门学问的一项分工。民粹是指民俗构成此一 "俗民"（folklife）文化的成就。即民俗所具有的一切, 它的本质、活动和生命、再生力及渗透性。经由上列的诸种要素, 一种具有 "俗民" 性的思想和感情、爱与恨, 支配着一个民俗的每一方面。这项狭义的 "有限民族背景下所作的俗民文化的研究, 其内容对民话的研究, 其比重自然是很重的。"

25. 索引

索引　INDEX

五画

八画

十四画

十五画